www.ingramcontent.com/pod-product-compliance
Lightning Source LLC
Chambersburg PA
CBHW070548160726
48003CB00005B/1939

تريندز للبحوث والاستشارات
TRENDS RESEARCH & ADVISORY

المرأة والمجتمع المدني
الطريق الثالث لبناء الدولة

خالد فياض – نورة الحبسي

اتجاهات استراتيجية (14)

مارس 2022

<h1 style="text-align:center">نبذة عن
مركز تريندز للبحوث والاستشارات</h1>

يُعد مركز «تريندز للبحوث والاستشارات» مؤسسة بحثية مستقلة، تأسس عام 2014، ويهتم باستشراف المستقبل في جوانبه الاستراتيجية والسياسية والاقتصادية، وتتبع القضايا العالمية المختلفة. كما يهدف المركز إلى تحليل الفرص والتحديات على مختلف الصُّعُد الجيوسياسية الراهنة، وما تحمله من متغيرات محتملة، مع محاولة إيجاد إجابات وتفسيرات علمية وموضوعية من شأنها المساهمة في التأثير في اتجاهات الأحداث مع مراعاة نواحي التحليل والنقد والاستشراف.

ويقدّم المركز، من أجل تحقيق غاياته العلمية، دراسات رصينة ذات أبعاد استشرافية مستقبلية، ويطرح أفضل البدائل الممكنة لمساعدة صنّاع القرار في معرفة التطورات الإقليمية والدولية بشكل أعمق، والاستفادة مما توفره من فرص. كما يقوم المركز برصد الاتجاهات والتغييرات الاستراتيجية والاقتصادية والإقليمية والدولية، والتنبؤ بآثارها المستقبلية، وذلك وفق الضوابط العلمية المتعارف عليها دولياً لدى أعرق مراكز التفكير والبحث العلمي.

قائمة المحتويات

تلقي هـذه الدراسـة الضـوء عـلى قضيـة دور المـرأة داخـل منظمات المجتمـع المـدني، انطلاقـاً مـن رؤيـة عامـة وقناعـة بأهميـة هـذا الـدور وحيويتـه مـن أجـل بنـاء الدولـة المدنيـة الحديثـة، مـن خـلال طـرح عـدد مـن القضايـا والموضوعـات الدالـة والمفسرة التي تبرهن على أهمية هذا الدور.

فقـد اسـتعرضت هـذه الدراسـة في البدايـة أهـم المفاهيـم المتصلـة بـدور المـرأة في العمـل العـام؛ مثـل مفاهيـم: المشاركة العامـة، والتمكين، والطريـق الثالـث، بالإضافـة إلى المفاهيـم المتصلـة بعمليـة التنميـة، سـواء التنميـة الشـاملة أو الإنسـانية، ومـا يرتبـط بهـا مـن قضايـا الحوكمـة والحكـم الرشـيد، ثـم تطرقـت الدراسـة إلى اسـتعراض أهـم مؤسسـات التنشـئة الوطنيـة وعلاقتها بتمكـين المـرأة، وقـد حددتهـا في أربـع مؤسسـات؛ هـي: الإعـلام، والمؤسسـة الدينيـة، والمؤسسـة التعليميـة، بالإضافـة إلى الأُسرة.

كمـا أفـردت هـذه الدراسـة قسـماً خاصـاً بـدور المجتمـع المـدني في التنشـئة الوطنيـة، وكيفيـة اسـتثمار مثـل هـذا الـدور لدعـم مهمـة المـرأة في المجتمـع عمومـاً والمجتمـع المـدني خصوصـاً، الـذي مـن خلالـه تتحقـق قيـم المسـاواة والعدالـة الاجتماعيـة، التـي هـي الطريـق الرئيـسي لتمكـين المـرأة مـن المشـاركة في بنـاء الدولـة المدنيـة الحديثـة، التـي بدورهـا تسـاعد أيضـاً مـن خلال مؤسسـاتها وقوانينها في دعـم دور المـرأة.

وأخـيراً، تقـدم الدراسـة رؤيـة مسـتقبلية لتعزيـز دور المـرأة، باعتبـار أن اكتمـال هـذا الـدور لا يتـم إلا مـن خـلال منظمات المجتمـع المـدني، وهـو الطريـق الثالـث لبنـاء الدولة المدنية الحديثة.

مقدمة

تُجمع أدبيـات التنميـة الحديثـة عـلى أن مشاركة المـرأة في الحيـاة العامـة هـي السـبيل الأنجـح والأسـرع لتقـدُّم أي مجتمـع، والمشاركة العامـة تعني المشاركة الاقتصادية في قوة العمـل، إنتاجاً واستهلاكاً، وتعني المشاركة الاجتماعية في الأسرة، وعضويـة مؤسسـات المجتمـع المدني بأشـكالها وأنواعهـا كافـة، وتعني المشاركة الثقافيـة في إنتـاج الفكـر والفـن والأدب وتهذيـب الوجـدان وترقيـة الـذوق العـام، وتعنـي المشـاركة السياسـية في عمليـة صنـع القـرار المحـلي والوطني مـن خـلال مؤسسـات ومجالـس صنـع القـرار التشريعـي والتنفيذي، وهـي أمـور تشكل جميعها محـوراً أساسـياً في عمليـة صناعـة القـرار الوطنـي بشكل عـام في دولـة تؤمـن بوطن يتسع للجميع.

أهمية الدراسة:

شغلت قضايا المـرأة اهتمامـات النظـم السياسـية العالمية والمحلية عـلى السـواء، ولقـد تجـاوز الاهتـمام العالمـي بقضايـا المـرأة شـواغل النظـم السياسـية الوطنيـة والإقليميـة واهتمامهـا. كـما أصبح مفهـوم التنميـة في المجتمعـات المحلية لا يقتصر فقـط عـلى المعايـير الاقتصاديـة والقياسـات الكميـة للتنميـة، بـل تجاوز ذلـك إلى المعايـير القِيَمِيَـة؛ كقيـاس مسـتوى الحريـات العامـة، والمشـاركة السياسـية، ومـدى التسـامح في المجتمـع، ومـدى مشـاركة المـرأة في ثـروة المجتمـع، وحركـة السـلطة والقيـادة في ذلـك. ولم تعد مطالـب تمكـين empowerment المـرأة في عالمنا المعاصر تقتصر عـلى مـا يحـدث في داخـل النظـام السياسي الوطنـي، بـل أصبحت تمثـل واحداً من أهم مطالب المجتمع الدولي المعاصر واتجاهاته.

لقد أصبحت سياسـة اللامسـاواة وغيـاب العدالـة مـن العوامـل الأساسـية التـي تعيـق إمكانيـة تحقيـق خطـط العمـل التنمـوي، خاصـة في ظـل نظـم اقتصاديـة

"

تـؤدي إلى تحالـف متـين بـين السـلطة والمـال؛ مـا أفـرز طبقـة مـن المنتفعـين يسـتغلون السـلطة أو قربهـم مـن مواقـع القـرار لتكديـس الـثروات علـى حسـاب أغلبيـة المجتمـع؛ مـا أدى إلى تركـز الـثروات في أيـدي فئـة قليلـة جـداً، في الوقـت الـذي يتزايـد فيـه عـدد الفقـراء والمعوزيـن والمهمّشـين. إن هـذه الظاهـرة التـي تسـمى بـ "رأسـمالية المنتفعـين" هـي مـن العوامـل الأساسـية التـي تولّـد التمييـز علـى مختلـف مسـتوياته، وبشـكل خـاص بحـق المـرأة. فالصـورة النمطيـة التـي تحـدد للمـرأة سـلفاً وظيفتهـا الاجتماعيـة، في ظـل هيمنـة الثقافـة الذكوريـة، تقيّدُهـا بسلاسل متينة وتسهم في تهميشها[1].

أمـا مفهـوم التنميـة بمعناهـا الحديـث والشـامل فقـد أكـد علـى ضـرورة التـلازم بـين التنميـة وقيـم المسـاواة والعدالـة الاجتماعيـة بأبعادهـا الثلاثـة الأساسـية وهـي: الحمايـة مـن العـوز؛ والحمايـة مـن الخـوف؛ وحريـة الاختيـار والعيـش بكرامـة. وهـذه الأبعـاد تعـزز أهميـة المسـاواة، وتتناقـض بالكامـل مـع كل الفكـر الـذي يقـوم علـى التمييز.

وهـو مـا يؤكـد أهميـة دور المـرأة فهـي نصـف المجتمـع، وبتهميشـها نكـون - طواعية - قـد همّشـنا نصـف الطاقـات الكامنـة فيـه، وهـو الأمـر الـذي انعكـس علـى الفكـر الحديـث، الـذي لم يـرَ أي احتـمال لتحقيـق النهضـة في أي منطقـة مـن العـالم والتحـرر مـن الاسـتبداد إلا مـع تحـرر المـرأة مـن القيـود التـي تعيـق تقدمهـا وتطورها.

وانطلاقـاً مـن تلـك الوقائـع والتطـورات المعرفيـة كان مـن الأهميـة التطـرق إلى قضيـة دور المـرأة في منظـمات المجتمـع المدنـي وانعـكاس ذلـك علـى تطـور دورهـا في عمليـة المشـاركة الوطنيـة بشـكل عـام، والسياسـية منهـا بشـكل خـاص، وذلـك في إطـار الدولـة المدنيـة الحديثـة، التـي تؤمـن بقبـول الآخـر وقيـم التسـامح والمسـاواة

---

1. European external action service, Human rights and democracy in the world report 2011, June 2012, 13-15.

والعدالـة بـين أفـراد المجتمـع كافـة، ذكـوراً وإناثـاً. وذلـك باعتبـار أن منظمـات المجتمـع المـدني هـي الطريـق الثالـث الأكـثر أهميـة ومحوريـة في صياغـة عمليـة تنميـة شـاملة حقيقيـة تشـمل عنـاصر المجتمـع كافـة، عـلى حـد قـول تـوني بـلير رئيـس الـوزراء البريطـاني الأسـبق في محاولتـه إيجـاد طريـق يعـزز مصالـح المجتمـع ويحفـظ لفئاتـه كافـة حقوقهـم، بعيـداً عـن سـيطرة الدولـة أو اسـتغلال القطـاع الخاص.

وتـأتي أهميـة مشـاركة المـرأة في منظمـات المجتمـع المـدني باعتبـار أن تلـك الأخـيرة تمثـل مؤسسـة تنشـئة وطنيـة تسـتطيع القيـام بعمليـة تدريـب وتوعيـة كـوادر نسـائية وطنيـة يسـتطعن المشـاركة بفاعليـة في الشـأن العـام عمومـاً، وفي عمليـة صنـع القـرار الوطنـي خصوصـاً[2]، وذلـك بعـد أن أثبتـت العديـد مـن الدراسـات والأبحـاث قـدرة المـرأة عـلى خلـق إنجـاز حقيقـي في المجتمـع، وتحديـداً في مجال مكافحـة الفسـاد والشـفافية والبعـد عـن المحسـوبية وسـيطرة الشـللية، كـما ذهبـت في ذلك دراسة صادرة عن البنك الدولي للإنشاء والتعمير[3].

مـن هنـا تـأتي أهميـة تلـك الدراسـة التـي سـتتطرق إلى العديـد مـن القضايـا والمحاور المتصلـة بعمليـة تفعيـل الـدور الوطنـي للمـرأة، مـن خـلال دورهـا المأمـول في تنشـيط دور منظـمات المجتمـع المـدني وإبـراز دورهـا عـلى المسـتويات الوطنيـة والإقليمية والدولية.

---

2. Seymour Martin Lipset, "Political man: The social Bases of politics", exp. ed (Baltimore: Johns Hopkins University press, 1981), 27.

3. البنـك الـدولي للتنميـة والإعـمار، إدمـاج النـوع الاجتماعـي في التنميـة مـن خـلال المسـاواة في الحقـوق والمـوارد والرأي، تقرير بحوث السياسات، (بيروت: المؤسسة العربية للدراسات والنشر، 2005)،ص ص 412-14.

منهجية الدراسة:

اعتمـدت الدراسـة عـلى مناهـج مترابطـة عـدة بدايـة بالمنهـج الاستقصائي، والـذي يكمـن في تحديد مشكلة الدراسـة، وصياغتها ووضـع الفرضيـات مـن خلال العصـف الذهنـي، وتبـادل الآراء المتعـددة كمحاولـة لإيجـاد الحلـول مـن خـلال استقصاء هـذه الفرضيـات في ضـوء التفسير الصحيح لجميع البيانـات، ثـم يتبعـه المنهـج التاريخـي (الاستردادي) وهـو أحـد المناهـج العلميـة التي ترتبـط بالعلوم المختلفة التـي تسـاعد عـلى التعـرف إلى مـاضي الظاهـرة وتحليلها وتفسـيرها بغيـة الوصـول إلى التنبـؤ بآفـاق المسـتقبل، وأخـيراً المنهـج التحليـلي أو التأصيـلي المقارن، وهـو مكمل للمنهجـين السـابقين، ومفـاده تحليـل الآراء القانونيـة والفكريـة المتعلقـة بموضـوع الدراسـة، وأثـر تطبيقاتهـا في تطـور دور المـرأة، وعلاقتـه بمنظـمات المجتمـع المـدني ومقومات الدولة المدنية الحديثة.

خطة الدراسة:

في الدراسـة الحاليـة والتـي تنـصرف بالأسـاس إلى دور المـرأة في منظـمات المجتمـع المـدني، فإننـا سـنحاول البحـث في تلك العلاقـة بـين المـرأة والمجتمـع المـدني في إطار الدولـة المدنيـة الحديثـة، وآليـات تحقيـق ذلـك التمكين النسـوي في تلك المؤسسـات، وذلك من خلال مناقشة المباحث الآتية:

أولاً: المفاهيم المتصلة بدور المرأة في المجتمع المدني والدولة المدنية

ثانياً: التنشئة الوطنية وأثرها في تعزيز دور المرأة

ثالثاً: المجتمع المدني.. طريق التعزيز والتمكين

رابعاً: الدولة المدنية.. وتوسيع قاعدة المشاركة

خامساً: المجتمع المدني والدولة المدنية.. أية علاقة؟

سادساً: المرأة بين الدولة المدنية والمجتمع المدني

توجـد علاقـة تبادليـة بيـن المشـاركة العامـة للمـرأة، ومـن بينهـا مشـاركتها في منظمـات المجتمـع المـدني، والعديـد مـن المفاهيـم السياسـية والاجتماعيـة الأخـرى؛ فكلـما كانت مشـاركة المـرأة أكبر سـاهم ذلك في تنميتهـا وتنمية المجتمـع؛ ومـن هنا تأتي أهمية التطرق إلى مفاهيم التنمية عامة.

وبالإضافـة إلى ذلـك، فـإن قضيـة المشـاركة تتيـح القـدرة عـلى اتخـاذ القـرار الاجتماعي والاقتصـادي الأنسـب لتحقيـق تنميـة الـذات والمجتمـع. ومـن جهـة أخـرى، فـإن قـدرة المـرأة عـلى اتخـاذ القـرار السـليم بمعنـى المشـاركة السياسـية الفعالـة مرهونـة بمسـتوى التنميـة الـذي وصلـت إليـه، وهكـذا. ومـن ثَـمَّ فنحـن أمـام مجموعـة مـن المفاهيـم تتصـل بشـكل أو آخـر بقضيـة المـرأة ودورهـا في عمليـة التنميـة. ومـن هنـا تـأتي أهميـة التطـرق لتلـك المفاهيـم بالتعريـف والتحليـل ورؤيـة علاقتهـا بعمليـة تمكيـن المـرأة ودور منظمـات المجتمـع المـدني في ذلـك في ظل الدولـة المدنيـة الحديثـة، وأهم هذه المفاهيم:

1. المشاركة العامة:

تحظـى دراسـة المشـاركة العامـة بأهميـة خاصـة في العلـوم الاجتماعيـة، وتحديـداً في فرعهـا الأكبر، وهـو النظـم السياسـية. وعـلى الرغـم مـن تعـدد التعريفـات الخاصـة بمفهـوم المشـاركة العامـة، بالنظـر إلى تنـوع أنماطهـا ومؤشراتهـا ومسـتوياتها، فـإن هنـاك إجماعـاً عـلى أهميـة وجـود قنـوات معينـة تمـارَس مـن خلالهـا عمليـة المشـاركة. وبقـدر توافـر هـذه القنـوات مـن جهـة وفاعليتهـا مـن جهـة أخـرى تكمـن أهميـة الـدور الـذي تؤديـه المشـاركة العامـة في عمليـة صناعـة القـرار عـلى أكـثر مـن صعيـد داخل الدولة.

وهناك مـن يعرّفها تبعاً للأبعاد التـي يتم ترجيحها بالنظـر إلى عملية المشاركة العامـة داخـل كل تعريـف، ويعـود ذلك إلى أن المشاركة مفهـوم لا يتسـم بالبسـاطة باعتبارهـا قيمـة وآليـة في الوقـت نفسـه، وهـو مـا يضفـي عليهـا طابعهـا المركـب؛ لـذا ثمة تنويعـات مختلفـة لتعريـف مفهـوم المشـاركة ينطلـق بعضهـا مـن وصفهـا بأنهـا الأنشـطة الإراديـة التـي يزاولهـا أعضـاء المجتمـع بهـدف اختيـار ممثليهـم والمسـاهمة في صنع السياسات والقرارات التي تمس حياتهم.

ويـرى آخـرون أن المشـاركة العامـة هـي قـدرة مختلـف القـوى والفئـات في المجتمـع عـلى التأثيـر في القـرارات بشـكل مبـاشر أو غـير مبـاشر مـن خـلال العديـد مـن القنـوات والمؤسسـات، تتضمـن في حدهـا الأقصى قدرة المجتمـع عـلى صياغـة شكل الدولـة نفسـها، وتحديـد طبيعـة نظـام الحكـم نفسـه ويتمثل حدهـا الأدنى في أشـكال عدم التعاون المنظم.

كـما تُعـرّف بأنهـا تلـك الأنشطة القانونيـة التـي يقـوم بهـا المواطنـون والتـي تهـدف بطريقـة أو بأخـرى إلى التأثيـر في اختيـار الحكومـة لموظفيهـا أو الأعـمال التـي يقومون بها.

والمعنـى الأكـثر شـيوعاً لمفهـوم المشـاركة السياسـية هـو قـدرة المواطنـين عـلى التعبـير العلنـي والتأثيـر في اتخـاذ القـرارات، سـواء بشـكل مبـاشر أو عـن طريـق ممثلـين يفعلون ذلك[4].

---

4. Almond, Gabriel, and Sidney Verba, "The Civic Culture, Political Attitudes and Democracy in Five Nations". (Princeton NJ: Princeton University Press, 1963), 112-115.

أما أكثر التعريفات ذيوعاً فهو تعريف المشاركة السياسية بأنها أنشطة الأفراد الهادفة إلى التأثير في صنع القرار الحكومي، وهي فردية أو جماعية، منظمة أو عفوية، موسمية أو مستمرة، فاعلة أو غير فاعلة، شرعية أو غير شرعية[5].

وقد يستخدَم مفهوم المشاركة السياسية بمعنى المساهمة، والتي تعتبر الأساس الذي تقوم عليه الدولة المدنية، بل إن تطور الثقافة المدنية وترسيخها وتحويلها إلى ممارسة يومية يعني إسهام المواطنين وانشغالهم بالمسائل العامة داخل نظام مجتمعهم، سواء كان هذا الانشغال عن طريق التأييد أو الرفض، مع إبداء الرأي بطريقة رسمية أو ودية أو من خلال اجتماعات خاصة أو عامة أو بين العاملين في عملهم أو في منازلهم.

وتُعرّف المشاركة العامة في دائرة العلوم الاجتماعية بأنها الأنشطة التطوعية التي يشارك بها الفرد بقية مجتمعه في اختيار الحكام وصياغة السياسة العامة بصورة مباشرة أو غير مباشرة، وتتمثل هذه الأنشطة في البحث عن المعلومات والمناقشات والجدل وحضور الاجتماعات والمساهمة بالمال والاتصال والدعاية والمناقشة لصالح المجتمع عامة[6].

ومن تحليل هذه العينات من التعريفات، فإن ذلك يقودنا إلى استخلاص الأفكار التالية:

• المشاركة العامة هي تصرف معبر عن موقف ما تجاه شأن عام، يجوز أن يكون موقفاً إيجابياً، أو سلبياً، أو حيادياً.

5. لورانس هاريزون وصمويل هنتنجتون، الثقافات وقيم التقدم، ترجمة: شوقي جلال، (القاهرة: المركز القومي للترجمة، 2009)، ص ص 52-64.

6. إبراهيم حلمي عبدالرحمن وآخرون، موسوعة الشروق، (القاهرة: دار الشروق للطبع والنشر، 1994)، ص ص 42 - 46.

- صيغـة التعبـير قـد تكـون فرديـة شـخصية أو قـد تأخـذ الطابـع الجماعـي العفوي أو المنظم.

- المشاركة العامة فعل غير مفروض يصدر عن الفرد أو الجماعة بإرادة كاملة.

- المشاركة العامة حق للفرد والجماعة ينظمه القانون الداخلي لكل دولة.

- تهـدف عمليـة المشـاركة العامـة إلى التأثـير في صناعـة القـرار عـبر مختلـف مؤسسـات الدولـة بنوعيهـا الرسـمي (السـلطات الثـلاث) وغـير الرسـمي (الأحزاب وجماعات الضغط... إلخ)

- أنـه كلـما اتسـعت فرص المشـاركة العامـة أدى ذلك إلى القضـاء علـى عمليـات اسـتغلال السـلطة والشـعور بالاغـتراب لـدى الجماهـير. وكلـما تحققـت قيـم المسـاواة والعدالـة، فـإن هـذا يـؤدي إلى الاسـتقرار المجتمعـي، ومـن ثَم يسـاعد علـى تحقيـق الشـروط الاجتماعيـة والثقافيـة والسياسـية لنجـاح خطـط التنميـة المختلفة.

وتعـد عمليـة المشـاركة العامـة بشـكلها الفـردي أو الجماعـي أداة اسـتراتيجية لتغذيـة الحيـاة العامـة داخـل الدولـة، حيـث تُعنـى بضـمان الاتصـال بـين الحاكـم والمحكـوم، وهـي بمثابـة المدخـلات الأساسـية للنظـام السياسـي الـذي يسـعى إلى تحويلهـا إلى مخرجات مُرضِية تسمح باستمرار وجوده بطريقة سليمة ومقبولة[7].

فالمشـاركة العامـة آليـة ضروريـة لإرسـاء دعائـم الدولـة المدنيـة، فهـي تعـبر عـن مطالـب الشـعب وآرائـه باعتبـاره المصـدر الرئيـسي للسـلطة والسـيادة داخـل الدولـة، كـما تمكنـه مـن تحصيـل حقوقـه وتحقيـق مصالحـه فيصبـح بذلك الحاكـم الحقيقـي

---

7. نصـر محمـد عـارف، الاتجاهـات المعاصـرة في السياسـة المقارنـة: التحـول مـن الدولـة إلى المجتمـع، ومـن الثقافـة إلى السوق، (عمّان: المركز العلمي للدراسات السياسية، 2006)، ص ص 29-32.

والمسيِّر الرئيسي لشؤون حياته، وهذا هو الشكل الذي تقوم عليه الدولة المدنية الحديثة.

وبناء عليه يمكن تبني تعريف شامل للمشاركة السياسية بأنها "عملية اجتماعية سياسية طوعية ورسمية تتضمن سلوكاً منظماً ومشروعاً ومتواصلاً يعبر عن اتجاه عقلاني رشيد ينم عن إدراك عميق لحقوق المواطنة وواجباتها وفهم واعٍ لأبعاد العمل الوطني وفاعليته، ومن خلالها - أي المشاركة السياسية - يباشر المواطنون أدواراً وظيفية فعالة ومؤثرة في ديناميات الحياة السياسية ومخرجاتها، سواء من حيث اختيار المسؤولين، أو تحديد الغايات العليا للمجتمع ووسائل تحقيقها، أو المعاونة في إدارة آليات العمل السياسي وتوجيهها والإسهام على نحو مباشر أو غير مباشر في صنع القرار الوطني وتشكيله، فضلاً عن تنفيذه ومتابعته بالمتاح أو المستحدث من فعاليات الرقابة والضبط والتقويم. فهي وسيلة يستخدمها المواطنون، غايتها التأثير على سلطة الدولة بمختلف الوسائل المشروعة".

وعلى ذلك يمكن وضع تعريف إجرائي أيضاً للمشاركة السياسية للمرأة؛ لكون مفهوم النوع الاجتماعي متغيراً رئيسياً في هذه الدراسة، تتمثل بمقتضاه المشاركة السياسية للمرأة في ضمان مساهمتها في عملية صنع السياسات العامة والقرارات السياسية والتأثير فيها لتعزيز دورها في إطار النظام السياسي، وتسيير الشأن العام، ولن يتأتى ذلك دون تمكين المرأة سياسياً وقانونياً واجتماعياً واقتصادياً وثقافياً، وكذا إدماج سياسات النوع الاجتماعي في صياغة السياسة العامة للدولة وإشراك المرأة الفعلي في إعدادها دون إقصاء أو تهميش، فهي إذاً آلية أساسية لتنمية الذات (المرأة ذاتها) وتنمية الموضوع (المجتمع والواقع الاجتماعي) وهما بعدان يرتبطان ارتباطاً جدلياً. فالذات أو الشخصية المنفتحة القوية والمزدهرة والفاعلة هي القادرة على تحقيق النمو الاجتماعي والاقتصادي والسياسي، كما

أن النمــو الاجتماعـي بـدوره يمكـن أن يقـاس بمـدى الفـرص التـي يتيحهـا لتحقيـق مشاركة القطاعات المختلفة وتفتحها وازدهارها وفاعليتها.

2. التمكين:

ظهـر مصطلـح "التمكـين" في الغـرب أولاً قبـل أن ينتقـل مؤخـراً إلى العـالم العـربي، والـذي يعنـي ضمـن مـا يعنيـه: عمليـة دعـم وزيـادة قـدرة الأفـراد والجماعـات عـلى الاختيـار، وتحويـل هـذه الاختيـارات إلى أفعـال ونواتـج، ويرتبـط بالمفهـوم فكـرة تراكـم الأصـول الفرديـة والجماعيـة، ورفـع كفـاءة الإطـار التنظيمـي والمؤسسي الحاكم لهذه الأصول.

وتتوقف عملية التمكين على أربعة مستويات من القوة:

1. **القـوة عـلى POWER on** وتشـمل علاقـة تبادليـة مطلقـة بـين الهيمنـة والتبعية.

2. **قوة الفعـل POWER to** وتشـمل القـدرة عـلى صنـع القـرار وممارسـة السـلطة وإيجـاد حلـول للمشـاكل؛ أي مختلـف القـدرات الفكريـة والمعرفيـة والوسـائل الاقتصادية (امتلاك وسائل الإنتاج والأصول والرقابة عليها).

3. **القـوة مـع POWER with** قـوة اجتماعيـة وسياسيـة تشـير إلى الفهـم أو الهـدف المشـترك والقـدرة عـلى التفـاوض والدفـاع عـن المصالـح المشـتركة جماعياً.

4. **القـوة مـن خـلال POWER within** وتعنـي إدراك الأفـراد مـن خـلال التحليـل الذاتـي للقـوة الداخليـة لذواتهـم وهوياتهـم، وكيـف يتمكنـون مـن التأثـير في حياتهـم مـن أجـل صنـع خياراتهـم، وهـذا مرتبـط بالسـياق الثقـافي للمجتمـع، ولاسـيما المؤسسـات والقوانـين التـي تحـدد في مجملها

مستوى التفاهم والاستحقاقات التي هي قدرات الأفراد على الحصول على احتياجاتهم عبر وسائل شرعية متوافرة، وحق الحصول على الموارد المادية واللامادية وهي العناصر التي تعرّف المواطنة.

وفي هذا الإطار يمكن تناول ماهية التمكين من خلال ثلاثة نماذج أساسية للقوة:

النموذج الأول: القوة كمباراة صفرية: يفترض هذا النموذج أن القوة مباراة صفرية متناقضة، فاذا اكتسب طرف ما القوة فإنه سيكون على حساب الطرف الثاني؛ وذلك لأن الأخير قد أسس عوائق تتمثل في القيم السياسية والممارسات المؤسسية لمنع الطرف الآخر من تحقيق مصالحه، علماً أن مصالح الطرف الآخر طبيعية وأصيلة وليس من السهل تغييرها؛ وعليه فالحديث عن التمكين هو حديث عن مباراة في الإخضاع والمقاومة من جهة وقدرة الفئة المتضررة من القمع على اكتساب المزيد من القوة من الناحية الأخرى.

النموذج الثاني: القوة كمباراة مستمرة: يفترض هذا النموذج لا محدودية القوة فهي ليست بالضرورة صفرية، فامتلاك طرف ما قدراً منها لا ينتقص من قوة الطرف الآخر شيئاً، فالقوة بناءة ومتولدة وتخلق إمكانات أفعال جديدة، بدون حتمية سيطرة طرف على آخر.

والتمكين وفق هذا النموذج يبدأ من اختيار كيف يمكن تمثيل القوة في علاقات متنوعة وغير متجانسة؛ بمعنى كيف يمكن حث الأفراد الذين عانوا التمييز أو القهر أو الاستضعاف أو الهشاشة لفترات طويلة على المشاركة[8]، وذلك من خلال:

- تطوير الثقة والقدرة على مستوى الفرد.

- القدرة على التفاوض والتأثير حتى داخل نمط العلاقات الجامدة والصعبة التغيير.

- العمل الجماعي من أجل اكتساب المزيد من التأثير في صناعة القرار أكثر من العمل الفردي.

النموذج الثالث: القوة كغاية في حد ذاتها: يرى هذا النموذج أن القوة هي موضوع في ذاته وليست متغيراً في علاقة وعناصر القوة، فهي لغة الخطاب والمؤسسات والفاعلين وجملة من الأحداث، ويجب أن يستند التمكين هنا إلى حركة جماعية، بدعوى أن الأكثرية أفضل بكثير من عدد محدود من الأفراد، وهو ما يسمى بقوة التعاضد.

وقد أعاد هذا النموذج النظر في القوة مفهوماً وهيكلاً وهدفاً، فمفهوم القوة تحول إلى محاولة مقبولة لإعادة تشكيل العلاقة بين جماعات تزعم أنها الأحق بتخصيص الموارد المادية والأيديولوجية في المجتمع، وأصبح هيكل القوة أكثر مرونة لضمان الاستبعاد أو الاستقطاب للأفراد والجماعات بقدر نجاحها أو فشلها في حصولها على القوة (تمكين نفسها).

---

8. علي ليلة، المجتمع المدني العربي: قضايا المواطنة وحقوق الإنسان، (القاهرة: الأنجلو المصرية، 2007)، ص ص 123 - 135.

أمـا هـدف القـوة فهـو تمكيـن الضعفـاء؛ بمعنـى سلسـلة مـن النشاطات السياسـية تـتراوح بـين مقاومـة الأفـراد لاسـتمرارية القوة السـائدة والحراك السياسي الجماهيري الـذي يتحـدى هـذا الهيـكل، ومـن ثـم يشـير التمكين إلى الحـراك الصاعـد والقـدرة عـلى الشـعور بالقـوة، وهـو مـا يشـير إلى أن مركـز ممارسـة القـوة هـو الهيـاكل والمؤسسـات التـي تتغلغـل في كل هيـاكل المجتمـع، وهـي محكومـة بالبعد الإلزامي أكـثر مـما يحكمهـا البعـد الرضائي، إلا أن هـذا النمـوذج لم يوضـح هيـكلاً للتوزيـع الأمثـل للقـوة بـل اكتفـى بمناقشـة وتحليـل المفهـوم كمدخـل إلى الحديـث عـن استراتيجية التمكين.

في حـين أن النمـوذج الثالـث يبـين لنا شـكلاً مـن أشـكال طريـق تحقيقـه. ويعد الوعـي بالـذات عنصـراً حيويـاً للتمكـين، عـلى اعتبـار أن تعظيـم القوة يعنـي القوة المعنويـة والتفـرد في بنـاء وقبـول الـذات (بنـاء القـوة مـن خـلال الـذات) وبنـاء عـلى ذلـك، فـإن مبـادرة المطالبـة بالتمكين ينبغـي أن تكـون مـن الفئـات المقهـورة وليس مـن القطاعـات المسـيطرة؛ لأن منـح الثـاني القـوة لـلأول يعـد في ذاتـه شـكلاً مـن أشـكال تخليـد اسـتمرارية الاتجاهـات والاقترابـات الفوقيـة التحتيـة؛ أي تخليـد السيطرة والإضعاف حتى وإن اتخذت شكلاً آخر.

وبالنسـبة إلى موقـف المـرأة في هـذه النماذج، فـإن تمكينهـا يرتبـط ارتباطـاً وثيقـاً بالتنميـة، حيـث لا تتمكـن المـرأة مـن المشـاركة الفاعلـة في دوائـر صنـع القرار إلا بتوسـيع نطـاق الفـرص والخيـارات والبدائـل المتاحـة لها وتطويـر قدراتهـا وإمكاناتها لتمتلـك عنـاصر القـوة التـي تجعلهـا قـادرة عـلى إحـداث التغيـير في مجتمعهـا، وتكمـن مصـادر هـذه القـوة في المعرفـة، والثقـة بالنفـس وقدراتهـا، والعمـل ضمـن إطار الجماعية وليس العمل الفردي.

ويشـير تمكين المـرأة، كـما تعرّفـه وثيقـة صـادرة عـن مجلـس السـكان التابـع للأمم المتحدة، إلى خمسة مكونات هي:

1. إحساس المرأة بقيمتها.

2. حقها في أن تتوافر لديها اختيارات وأن تكون قادرة على أن تختار من بين هذه الاختيارات.

3. حقها في الحصول على الفرص والموارد.

4. أن تتوافر لديها السيطرة على حياتها، سواء في داخل البيت أو خارجه.

5. قدرتها على التأثير في المتغيرات الاجتماعية الهادفة إلى بناء نظام اجتماعي واقتصادي أكثر عدالة، وطنياً وعالمياً[9].

وقد دعا الهدف الثالث من الأهداف الإنمائية الثمانية للألفية (2000- 2015) إلى تمكين المرأة وتعزيز المساواة بين الجنسين، إلا أن التوجه العام لتلك الوثيقة هو أن تحقيق المساواة بين الجنسين مطلب أساسي شامل من أجل الوفاء بباقي الأهداف[10]، حيث يرى الأمين العام للأمم المتحدة الأسبق في رسالته بمناسبة اليوم الأول للمرأة في 8 مارس 2006 أنه: "لا يمكن بلوغ هذه الأهداف إلا بمشاركة فاعلة من نساء العالم، وعندما يتحقق للمرأة الازدهار، يجني المجتمع بأسره العوائد وتتمتع الأجيال المقبلة ببداية أفضل للحياة"[11].

وهو ما يتطلب إزالة العمليات والاتجاهات والسلوكيات النمطية كافة في المجتمع والمؤسسات التي تنمط الفئات المهمشة، ومن بينها النساء، وتضعها في

---

9. قدري حفني ومحسن يوسف، حقوق المرأة... خطوات نحو تحقيق الإصلاح، (الإسكندرية: مكتبة الإسكندرية، 2007)، ص 45.

10. الأمم المتحدة، "الأهداف الإنمائية للألفية"، عام 2015، على الرابط: https://www.un.org/ar/ millenniumgoals/reports.shtml

11. موقع الأمين العام للأمم المتحدة، على الرابط: -https://www.un.org/sg/ar/content/sg/press-articles and-opinion-pieces

مراتـب أدنى. وهـو الطريـق التدريجـي السِّـلمي لتغيـير اتجـاه القـوة مـن القمـة إلى القاعـدة، ومـن النخبـة والمسـؤولين إلى النـاس العاديـين، ومـن فئـات اجتماعيـة معينـة إلى جميع الناس.

والتمكـين، لغويـاً، هـو نقيـض الإضعـاف الـذي يعنـي الحيلولـة دون حصـول الضعفـاء عـلى مداخـل القـوة التـي تسـاعدهم عـلى المسـاهمة والاستفادة مـن التنميـة. ومـن ثَـمَّ، فـإن نقطـة البـدء في العمليـة التنمويـة هـي تغيـير المنظومـة القيميـة للقائمـين على العملية السياسية، حتى تتغير أفكارهم وتوجهاتهم.

ولقـد تلقفـت حركـة النسـاء الشـعبية في أمريـكا اللاتينيـة والكاريبـي والحـركات الأنثويـة العبـارة منـذ عـام 1985 لتعبر بهـا عـن عمليـة الانتمـاء إلى القـوة بالتشـديد عـلى الثقـة بالنفـس والقـدرات الذاتيـة التـي تجعـل المـرأة قـادرة عـلى اختيـار الحيـاة التـي تريدهـا. ومـن جهـة أخـرى تعنـي القـوة الجماعيـة لتغيـير علاقـات الجنـدر/ النوع التي تحكم المحيط الاقتصادي والسياسي والتشريعي والسوسيوثقافي.

وعقـب مؤتمـر بكـين عـام 1995 تـم تبنـي، بـل التشـديد عـلى مصطلـح التمكـين، كاسـتراتيجية ومفتـاح للتنميـة، حيـث نصت المـادة الثالثة عـشرة مـن إعلان بكـين عـلى أن تمكـين المـرأة ومشـاركتها الكاملـة عـلى أسـاس المسـاواة في كامل المجـالات، بمـا يشـمل مشـاركتها في صنـع القـرار والحصـول عـلى القـوة، يعتـبر مطلبـاً أساسـياً من أجل تحقيق المساواة والتنمية والأمن[12].

وأخـيراً، فـإن التمكـين كمفهـوم سوسـيو-سـياسي هـو عمليـة مركبـة تتعـدى الدلالـة عـلى المشـاركة السياسـية الشـكلية إلى مكونـات أخـرى ذاتيـة، نفسـية، اقتصاديـة،....

---

12. إعلان ومنهاج عمل بكين، المؤتمر العالمي الرابع المعني بالمرأة، سبتمبر 1995، على الرابط:

https://archive.unescwa.org/ar/our-work /https://archive.unescwa.org/ar/fourth_world_conference_
women_1995_AR

إلـخ، بمـا فيهـا إدراك المـرأة لتبعيتهـا، وأسـباب هـذه التبعيـة، وفهـم نمـاذج السـلوك التـي تخلـق إمـا التبعيـة أو الاعتمـاد المتبـادل أو الاسـتقلالية عـلى مسـتوى العائلـة والمجتمـع ككل، وإدراك الحاجـة إلى تقريـر الخيـارات، بمـا في ذلك الخيـارات التـي تعـارض السـياق الاجتماعـي والثقـافي واكتسـاب معـارف جديـدة لخلـق فهـم مختلف لعلاقـات النوع/الجنـدر وتحطيـم المعتقـدات السـابقة التـي أسـهمت في بنـاء أيديولوجيات جندرية قوية[13].

ومـن هنـا تتجـلى أهميـة تبنـي سياسـات وإجـراءات وهيـاكل مؤسسـاتية وقانونية مـن أجـل التغلـب عـلى أشـكال عـدم المسـاواة وضـمان الفـرص المتكافئـة للأفـراد في اسـتخدام مـوارد المجتمـع، وفي المشـاركة السياسـية تحديـداً، إذ ليـس القصـد مـن التمكـين المشـاركة في النظم القائمـة كـما هـي عليـه، بـل العمـل الحثيـث لتغييرها واسـتبدالها بنظـم إنسـانية تسـمح بمشـاركة الأفـراد في الشـأن العـام، وإدارة البـلاد وكل مؤسسـات صنـع القـرار؛ للتغلـب عـلى العقبـات، وأوجـه التمييـز التـي تخلـق الوضع الدُّوني.

كـما يعنـي اسـتخدام القـوة الذاتيـة والقيـام بنشـاطات مشـتركة مـع الآخريـن لإحـداث التغييـر، بمـا يشـمل القـدرة عـلى اتخـاذ القـرارات المتعلقـة بحياتهـا، وامتلاكهـا الوسـائل والمهـارات للوصـول إلى أهدافهـا، وهـذه النتيجـة تقـارب إلى حـد بعيد التعريف الذي قدمه مؤتمر بكين[14].

---

13. UNESCO Instiute for education "women education and empowerment", Report of the international seminar held at UIE, Hamburg,27 January-2 February 1993 with contributions, Germany-Feldbrunnenstrate, 5.

14. إعلان ومنهاج عمل بكين، المؤتمر العالمي الرابع المعنيّ بالمرأة، سبتمبر 1995.

3. الحكم الرشيد (Good Governance):

ينصرف هـذا المفهـوم إلى منظومـة الحكـم التي تعـزز رفاه الإنسـان وتدعمـه وتصونـه، وتقـوم عـلى توسيـع قدرات البـشر وخياراتهم وفرصهـم وحرياتهم الاقتصادية والاجتماعية والسياسية، وخاصة بالنسبة لأكثر أفراد المجتمع فقراً وتهميشاً، ومنهم النساء.

ومـن مؤشرات الحكـم الرشيـد: المشاركـة العامـة الفاعلة للجميع، وحكـم القانـون، ودولة المؤسسات، والشفافية، والجاهزية، والاستجابة، والعدل الاجتماعي، والمساءلة، والشرعية، والتمكين[15].

4. التنمية البشرية:

يُعتَبر مـن أهـم المفاهيـم التي تتداخـل مـع المشاركـة العامـة، حيـث يقـوم مفهـوم التنميـة البشريـة الـذي يتبنـاه برنامـج الأمـم المتحـدة للإنماء منـذ عـام 1990 عـلى أن "البـشر هـم الـثروة الحقيقيـة للأمـم" وأن التنميـة البشريـة هـي "عمليـة توسيـع خيـارات البـشر"، علمـاً بـأن "الخيـارات" تعبـير عن مفهـوم أرقى وهو "الاستحقاقات" أو الحقـوق. ومـن حيـث المبـدأ، فإن استحقاقات البـشر هـي "العيـش حيـاة طويلـة وصحية، والحصول على المعرفة، وتوافر الموارد اللازمة لمستوى معيشي لائق".

وتوجد مؤشرات مختلفة تقيس هـذه الاستحقاقات، كـما أن ثمـة مؤشرات تقيس مـدى تحقـق المساواة بـين النسـاء والرجـال مـن خـلال دليل التنمية المرتبط بنـوع الجنـس، ومقيـاس تمكين المرأة، وعـدم المساواة بـين الجنسين في التعليـم، وعـدم المساواة بـين الجنسين في الأنشـطة الاقتصاديـة، ونـوع الجنـس والعمل، والمشـاركة العامة للنساء، وكذلك آليات حقوق الإنسان[16].

---

15. محمد برقوق. (2008-2009). مفاهيـم في السياسة المقارنـة الجديـدة. رسـالة دكتـوراه غـير منشورة، جامعـة الجزائر، الجزائر. ص ص 16 - 32.

16. جـوردون مارشـال، موسـوعة علـم الاجتماع، ترجمة: محمد محي الدين وآخرين، (القاهـرة: المجلس الأعـلى للثقافة، 2001)، ص ص 154 - 166.

5. التنمية الإنسانية:

لا يقف هذا المفهوم عند الحد السابق الخاص بالتنمية البشرية، بل يتعداه إلى استحقاقات إضافية أخرى، تشمل: الحرية بمعناها الشامل سياسياً، واجتماعياً، واقتصادياً، وتوافر الفرص للإنتاج والإبداع، والاستمتاع باحترام الذات، وضمان حقوق الإنسان.

ولقد انعكس هذا التصور في تقارير التنمية الإنسانية، والذي أشار إلى أن المفهوم قائم على أن لجميع البشر، لمجرد كونهم بشراً، حقاً أصيلاً في العيش الكريم جسدياً ونفسياً. ولذلك، فإن مفهوم الرفاه الإنساني في التنمية الإنسانية لا يقف عند المعايير الاقتصادية الضيقة أو حتى عند التنعم المادي أو إشباع الحاجات الأساسية وما شابه، ولكنه يمتد إلى الأمور المعنوية التي تؤكد سمو الإنسان؛ مثل التمتع بالمعرفة، والحرية، والجمال، واحترام وتحقيق الذات.

ولذلك، فإن مفهوم التنمية الإنسانية أوسع بكثير من مفاهيم التنمية العادية، بما فيها التنمية البشرية، وهو يتضح من تضمين المفهوم، بالإضافة إلى مؤشرات العمر المتوقع والتحصيل العلمي والصحة، مؤشرات من قبيل: مقياس الحرية، الذي يعدّ تعبيراً عن مدى التمتع بالحريات المدنية والسياسية؛ ومقياس تمكين النوع لمعرفة مدى حصول النساء على القوة في المجتمع؛ ومقياس الاتصال بشبكة الإنترنت لمعرفة مقدار التواصل مع أساليب التقنية الحديثة؛ ومقياس انبعاثات ثاني أكسيد الكربون للفرد (بالطن المتري) للتعرف على مبلغ تلوث البيئة[17].

---

17. جوردون مارشال، موسوعة علم الاجتماع، مرجع سابق، ص ص 123-127.

6. <u>الحقوق العامة:</u>

هـي مـن أهـم أنـواع حقـوق الإنسـان أو الحريـات والحقـوق، ويمكـن تعريفهـا بأنهـا تلك الحقـوق التـي تسـمح للأفـراد بالمشـاركة في الحيـاة العامـة، دون تفرقـة بيـن الرجـل والمـرأة، حتـى تتسـع دائـرة الوطـن وتتقـارب مـع الدوائـر العامـة للشـعب بمفهومـه الاجتماعـي. كمـا تشـمل أيضاً حـق الترشـيح بغيـر قيـود ودون تفرقـة بيـن الرجـل والمـرأة للمجالـس النيابيـة والمحليـة، وذلـك لعمـوم الأفـراد بصفتهم المسـتقلة كمواطنيـن وليـس فقـط بصفتهـم الحزبيـة، أي كأعضـاء ينتمـون للأحـزاب السياسـية، كما تشمل الحقوق العامة حق إبداء الرأي في الاستفتاءات العامة.

ويبقـى أخيـراً شـمول الحقـوق العامـة حـق المواطنيـن في تـولي الوظائـف العامـة، وليـس فقـط الوظائـف الإداريـة، بـل الوظائـف السياسـية أيضـاً؛ كتـولي الـوزارة في الحكومـة، وباعتبارهـا مـن الحقـوق العامـة، فهـي تشـمل المـرأة مثـل الرجـل تمامـاً، تطبيقاً للمبادئ الدستورية العامة في المساواة بين المواطنين في الحقوق والواجبات.

7. <u>المواطنة:</u>

ينطلـق هـذا المصطلـح مـن الشـعور بالانتمـاء إلى الوطـن والإحسـاس نحـوه بالواجب والمسـؤولية التـي مـن خلالهـا يتمتـع المواطـن بالحقـوق ويلتـزم بالواجبـات التـي يفرضهـا عليـه انتمـاؤه إلى الوطـن. كمـا أنهـا تعـرف بأنهـا علاقـة بيـن فـرد ودولـة كمـا يحددهـا قانـون تلـك الدولـة، ومـا تتضمنـه تلـك العلاقـة مـن واجبـات وحقـوق. ويعتبـر مفهـوم المواطنة "مفهـوم منظومـة"، حيـث يشـير إلى الحقـوق الإنسـانية الأساسـية، والحقـوق المدنيـة والسياسـية، والحقـوق الاجتماعيـة والاقتصاديـة والثقافيـة، فضـلاً عـن الحقـوق الجماعيـة، وهـي تتعلـق بمجـالات النشـاط الإنسـاني الشـخصي والخـاص والعـام والسياسـي كافـة، ويترتـب علـى المواطنـة عـدد مـن الحقـوق والواجبات يمكـن بلورتها في ثلاث قيم أساسية؛ وهـي: الحرية، والعدالة، والمساواة،

التـي تشـكل الضمانـات الأساسـية للفـرد، بالإضافـة إلى قيمـة رابعـة تشكل ضمانـة للمجتمع، وهي المسؤولية الاجتماعية من الفرد تجاه المجتمع.

8. النسوية:

يقصد بالنسوية اصطلاحاً منظومـة فكريـة أو حركيـة مدافعـة عـن مصالـح النسـاء وداعيـة إلى توسـيع حقوقهـن، وقـد بـدأت النسـوية كحركـة تهـدف إلى تحقيـق قـدر مـن العدالـة الحقيقية داخـل المجتمع بحيـث تنـال المـرأة مـا يطمـح إليه أي إنسـان مـن تحقيـق لذاتـه بالحصـول عـلى مكافـآت عادلـة (ماديـة أو معنوية) مقابـل مـا يقدمـه مـن عمـل. وقـد ظهـر الجيـل الأول للحركـة النسـوية في أواخـر القرن التاسـع عـشر كحركـة اجتماعيـة تطالـب بالمسـاواة بـين الرجـال والنسـاء في ظـروف العمـل والأجـور والتعليـم، ويعتبر مفهـوم المسـاواة هـو المفهـوم المركـزي في تلـك المرحلـة، وخـرج هـذا الجيـل مـن رحم الفكـر الليـبرالي الغـربي، وبنيـت اسـتراتيجيته النسـوية الليبراليـة عـلى أسـاس أن المسـاواة يمكـن تحقيقهـا مـن خـلال العلاقـات الاجتماعيـة والوسائـل القانونية والمؤسسات السياسية والاقتصادية القائمة في المجتمع.

ورأى هـذا الجيـل أن أي تغيـير في وضـع المـرأة رهـن بتغييرهـا لسـلوكها مـن كونهـا عنصراً خامـلاً مطيعـاً متلقيـاً، حتى نـادت بعـض رائـدات هـذا الجيـل بمـا أسـمينه "ثورة في سلوك النساء" داخل المجتمع.

ومع ستينيات القـرن العشريـن بـدأ الجيـل الثـاني للحركـة النسـوية يتطـور وتتضح معالمـه، مـن حيـث عنايتـه بالمسـاواة بـين الجنسـين مـع تأثـره بالأفـكار الاشـتراكية والحـركات العماليـة التـي كانـت في أوج ازدهارهـا آنـذاك. وقـد نـادى الجيـل الثـاني بالمسـاواة المطلقـة التـي تشـمل إلغـاء أشـكال التمييـز كافـة بـين الذكـر والأنثـى حتى لـو اقتضتهـا الطبيعـة البيولوجيـة والسـيكولوجية للجنسـين؛ فقـد فسـر هـذا الجيـل الاختلافـات النوعيـة للجنسـين بأنهـا ناتجـة عـن التاريـخ والتنشئة الاجتماعيـة، وأن الرجـل والمـرأة نـوع واحـد، وانتقـدوا النظريـات الاجتماعيـة والنفسـية واعتبروهـا

أحكاماً مسبقة غير نابعة من تجارب النساء، وادخلوا المساواة الجنسية في مفهوم المساواة.

وفي الثمانينيات ومع تبني مؤسسات قومية وعالمية قضية المرأة، بدأ ظهور الجيل الثالث للحركة النسوية والمعروف بجيل الجندر، وقد ظهر هذا الجيل متزامناً مع التغيرات التي اتسمت بها أجندة التيارات المختلفة داخل الحركة النسوية في الغرب واستراتيجياتها، وقد حدث نوع من التطور المتصاعد في التسعينيات، سعى إلى ترسيخ قضايا كأسس للنسوية، وهي: مناهضة العنف ضد المرأة؛ ومشاركة المرأة في صناعة القرار؛ وتعزيز عمل المرأة.

وقد ركز هذا الجيل ولايزال على نقطتين لإنصاف النساء مثلتا القاعدة لأنشطة هذا الجيل وأفكاره: الأولى، حيث نفى وجود أي نوع من الاختلافات بين الرجل والمرأة، إذ أصبح الاختلاف عدوهن الأول. والثانية - وهي التي كانت محل تركيز جيل الجنس / الجندر - فهي اتهامهن لكل البنى الاجتماعية والثقافية والسياسية الموجودة داخل مختلف المجتمعات بأنها تسهم في إيجاد حالة اللامساواة بين الرجال والنساء واستمرارها. ومن ثم طالب هذا الجيل بإجبار النساء والرجال على شغل المواقع والأنشطة بالتساوي في المؤسسات القائمة كافة؛ وذلك من أجل إعادة بناء العالم الذي سوف تنعدم فيه طبقية الجنس / الجندر، أو بتعبير آخر تنعدم فيه الاختلافات البيولوجية وسواها بين الجنسين؛ لأن وجود الاختلاف يؤدي إلى اللامساواة، واللامساواة تؤدي إلى الاضطهاد.

وقد انتهى الأمر لدى جيل الجنس / الجندر بأن تعريفات السياسة كافة، وخاصة خلال عصر النهضة، استبعدت النساء تماماً، وأصبحت مفاهيم مثل الرجل والحرب والدولة هي أسس النظريات السياسية. ويذهب الفيلسوف والسوسيولوجي بورديو إلى أن اضطرابات العلاقة بين الرجل والمرأة مسألة مدفونة في اللاوعي الاجتماعي، وأنها تحولت إلى اعتقاد غير مرئي وغير محسوس

في العلاقـات بـين الرجـل والمـرأة في النظـام البطريركي؛ لـذا ينبغـي إفـراز هـذا اللاوعي وتحويله إلى وعي يعيد كتابة التاريخ عبر قلب موازين المجتمعات البطريركية[18].

وفي الواقـع، فإن الفكـر النسوي لم يعالـج في جيل الجنـس / الجنـدر إشكالية مفهـوم السياسـة التقليـدي، عـلى نطـاق واسـع، وأغلـب مـا قدمـه حول هـذه المسـألة جاء اعتـماداً عـلى المفهـوم التقليـدي الـذي يحصر الفعـل السياسي في أنشطة المجـال العـام، باسـتثناء جهـود قدمهـا باحثـون نقـدوا مفهـوم السياسـة ومؤسسـاتها التقليديـة، وحاولـوا قـراءة تاريـخ التجربـة السياسـية في بعـض المناطـق غير الغربية (مثـل الـشرق الأوسـط والهنـد) ليقدمـوا رؤى وتصورات سـاهمت في كشـف أشـكال متنوعة للعمل السياسي، كسبيل للخروج من الاحتكار الغربي لتعريف السياسة.

وبتعبـير آخـر لم تقـدم النظريـة النسـوية في أغلـب مدارسـها حتـى الآن رؤية متكاملة عـن السياسـة، وكان نقدهـا للأطـر التقليديـة يسـتبطن التعريفـات التقليديـة نفسـها عن الممارسة السياسية[19].

الطريق الثالث Third Way

تذهب الأدبيـات إلى أن مفهـوم "الطريـق الثالـث" هـو أحـد تعبـيرات البابا بيـوس الثـاني عـشر في أواخـر القـرن التاسـع عـشر، حينـما دعـا إلى طريـق ثالـث بـين الاشـتراكية والرأسـمالية، ومنـذ ذلـك الحـين شـاعت مفاهيـم شـبيهة بـه، أبرزهـا الطريق الوسط.

---

18. عصـام العدوني، السوسيولوجيا والمجتمع لـدى آلان تورين وبيير بورديو، مجلة إضاءات، العـدد 12، 2010، ص ص 42 - 56.

19. نيفـين مسـعد وآخرون، الدليل العربي لحقـوق الإنسـان والتنمية، (القاهـرة: كليـة الاقتصـاد والعلـوم السياسـية، جامعة القاهرة، 2008)، ص ص 122 - 155.

غير أن مفهوم "الطريق الثالث" تم تسويقه على لسان توني بلير رئيس الوزراء البريطاني الأسبق، وكذا الرئيس الأمريكي الأسبق بيل كلينتون الذي تحدث عن أنه وجد طريقاً ثالثاً أكثر قدرة على الموازنة بين المصالح والفئات المختلفة.

إلا أن فكر الطريق الثالث ينسب إلى البريطاني أنتوني جيدنز المفكر والمنظّر الاجتماعي والسياسي لحزب العمال، وهو الحزب المعروف باعتناقه الاشتراكية الديمقراطية التي بدأت جذورها في أواخر القرن التاسع عشر، إذ تشير سياسة الطريق الثالث إلى إطار للتفكير وصوغ سياسة هدفها ملاءمة الديمقراطية الاشتراكية؛ بمعنى أنه محاولة لتجاوز كل الأساليب القديمة للديمقراطية الاشتراكية، وأيضاً الليبرالية الجديدة، فهو استجابة جديدة براغماتية، لما نواجهه من قضايا سياسية في عالم اليوم.

ومن خلال قراءة المنهجية الفكرية للطريق الثالث، فإن هناك ثلاثة اتجاهات رئيسية في مجال التعريف بالمفهوم هي:

1- الطريق الثالث يمكن أن يكون هو الطريق الوسط بين بديلين: البديل الأول هو أنساق للتنظيم الاقتصادي والاجتماعي (سواء كانت رأسمالية أو اشتراكية)، والبديل الثاني هو مبادئ لتخصيص الموارد (في السوق والدول)، سواء من خلال النماذج الرأسمالية (كالنموذج الأمريكي في مواجهة النموذج الأوربي) أو من خلال طريق أيديولوجي وسط يقع بين اليسار القديم واليمين الجديد.

2- الطريق الثالث قد يكون صيغة معدّلة للاشتراكية الديمقراطية، والتي تقدم بديلاً واضحاً للمشروع الليبرالي الجديد الذي برز في الثمانينيات من القرن الماضي، من خلال تطبيق مستحدث لمبادئ تلك الديمقراطية الاشتراكية، بما يستجيب للظروف الراهنة.

3- الطريق الثالث قد يشير إلى تآلف جديد وغريب جامد للأفكار ينتمي بعضها إلى ما يسمى اليسار الراديكالي، ومن ثم ينزع إلى الاعتراف بحدوث انقطاع جديد في الاستمرارية السياسية؛ ما يجعل اليقينيات السياسية الجاهزة مسألة تجاوزها الزمن.

وعليه، فقد أجمل أنتوني جيدنز قيم الطريق الثالث في قيم أساسية؛ هي: المساواة، وحماية الجماعات المهمشة، والحرية، ولا حقوق دون واجبات، ولا سلطة دون ديمقراطية، والتعددية الثقافية، والنزعة الفلسفية المحافظة[20].

ومن ثَمَّ، فإن الطريق الثالث هو مساهمة من قبل مفكرين وسياسيين بدأت منذ نهايات القرن التاسع عشر ومستمرة حتى الآن لمحاولة رأب الصدع بين المدارس الفكرية الأشهر، ولاسيما المدرستين الاشتراكية والليبرالية من أجل تمكين الفئات وجماعات أخرى سياسياً واجتماعياً واقتصادياً؛ أي إنه نموذج لتعزيز الديمقراطية بالتركيز على توسيع دائرة المستفيدين منها والمساهمين فيها.

وقد كانت منظمات المجتمع المدني، بما تحويه من فئات سياسية واقتصادية واجتماعية وثقافية متعددة، رأس الحربة للطريق الثالث، من خلال تمكين تلك المنظمات من لعب دور حيوي يعيد إلى العالم توازنه الاجتماعي قبل السياسي والاقتصادي.

وقد ارتأت الدراسة أن تعزيز دور المرأة في تلك المنظمات يعتبر طريقاً أمثل نحو توسيع مشاركة تلك المنظمات في صناعة القرار الوطني بإحدى ساقي الدولة المدنية الحديثة.

---

20. أنتوني جيدنز، الطريق الثالث: تجديد الديمقراطية الاجتماعية، ترجمة: أحمد زايد ومحمد محي الدين، (القاهرة: الهيئة المصرية العامة للكتاب، 2010)، ص ص 117-125.

تعتبـر التنشئـة الوطنيـة عمليـة متعـددة الأبعـاد والغايـات. فهـي تسـتهدف ترسـيخ فكـرة المواطنـة، وتحقيـق التكامـل والاسـتقرار داخـل ربـوع المجتمـع، وزيـادة معـدلات مشـاركة المواطنـين في الحيـاة العامـة، وتدعيـم قـدرة الدولـة عـلى تعزيـز سـيادة القانـون. وبالتـالي فـإن هـدف التنشئـة الوطنيـة هـو تعزيـز الثقافـة السياسـية في المجتمـع عبر عمليـة انتقـال تدريجـي مـن القديـم إلى الحديـث، في كل مـا يخص المجتمـع مـن علاقـات ومؤسسـات وأفـكار، وهـي بذلـك تعكـس حركـة مسـتمرة مـن التطور داخل المجتمع لتتلاءم مع ظروف التقدم الحضاري للعالم.

ولأنهـا حركـة مسـتمرة فيعنـي هـذا أنهـا ليسـت مرتبطـة بمعايـير محـددة، فـكل مجتمـع محكـوم بظروفـه الماديـة والثقافيـة، وتجربتـه ليسـت مرتبطـة بمعايـير محـددة؛ لأن القبـول بهـذه الأخـيرة يعنـي تحديـد مسـيرة التنميـة ضمـن إطار معـين، وهناك تفاوت في درجات التنشئة الوطنية من بلد إلى آخر[21].

ولا تقتصـر التنشئـة الوطنيـة عـلى تطـور الثقافـة بـين الأجيـال، بـل أحيانـاً تـؤدي إلى تغيـير جـذري بإحـلال قيـم جديـدة بـدلاً مـن القيـم التقليديـة، وهـذا مـا يؤثـر في السـلوك السـياسي للأفـراد ويوسـع مـن دائـرة المشـاركة في صنـع القـرار. فهـي تعلّـم الفـرد الأنمـاط الاجتماعيـة، عـن طريـق مؤسسـات المجتمـع المختلفـة، عـلى أن يتعايش سلوكياً معها[22].

---

21. هيفـاء أبـو غزالـة وشـيرين شـكري، الكاشـف في الجنـدر والتنميـة حقيبـة مرجعيـة، (عـمان: صنـدوق الأمـم المتحدة الإنمائي للمرأة، المكتب الإقليمي للدول العربية، 2006)، ص ص 14 - 18.

22. عصـام سـعود أبـو مغـلي. (2014). دور الأسرة في عمليـة التنشئـة السياسـية في الأردن، رسـالة ماجسـتير غـير منشـورة جامعة آل البيت، عمان، ص ص 19-21.

لذلك يبدو جلياً فيها الخلط والتداخل بين التنشئة والتربية الوطنية، إذ هناك تداخل وخلط حاصل بين التنشئة السياسية والتربية الوطنية، إلا أن الأخيرة تعني عملية النقل المقصودة للمعلومات والقيم اللازمة للمشاركة في العملية السياسية، وهي أخص من الأولى، وهي تُعنَى بتلقين مجموعة المعلومات التي تستهدف إيقاظ المشاعر الوطنية وإنماء الرابطة بين الوطن والمواطن وفقاً لذلك. فالتربية الوطنية تختص بتقديم خبرات لفئات محددة، وفي إطار مؤسسات محددة، وبالتالي فهي حالة أخص من التنشئة الوطنية؛ لأن تلك الأخيرة تشمل جميع فئات المجتمع عبر المؤسسات (الرسمية وغير الرسمية) كافة[23].

وعلى هذا، تمثل التنشئة الوطنية أهم الأسباب الدافعة للمشاركة العامة، إذ تعتبر من أهم العمليات المؤثرة في تكوين وتطوير الاتجاهات الوطنية للفرد وتشكيل وبلورة نمط سلوكه الوطني وتحديد دوافعه وميوله تجاه المشاركة في الحياة العامة؛ والسبب في ذلك يرجع إلى أن التنشئة الوطنية ليست عملية مؤقتة أو عارضة، وإنما هي عملية مستمرة ومتواصلة، كما أنها لا تقتصر على مرحلة عمرية محددة أو مرحلة تعليمية معينة، بل يتعرض لها الإنسان طوال حياته وخلال مراحل نموه المختلفة؛ لكونها عملية تعلّم للقيم والاتجاهات ذات المغزى السياسي عن طريق الأسرة والمدرسة وغيرها من مؤسسات التنشئة الوطنية، والتفاعل مع السلطة والمواقف السياسية المختلفة، ومن ثم فهي تبحث في فهم آليات العملية السياسية وتكوين القيم والاتجاهات السياسية وتطويرها، وتعمل على توضيح مرتكزات الظواهر السياسية وتحديد طبيعة النظام السياسي والتعرّف على بعض شخصياته، وتسعى إلى تكوين المواطن الذي يحاول التعاطي مع السلطة السياسية، ويحدد المرتكزات التي يتم تنشئة الأفراد عليها، بما يتوافق مع طبيعة النظام السياسي.

---

23. أحمد وهبان، التخلف السياسي وغايات التنمية السياسية: رؤية جديدة للواقع السياسي في العالم الثالث، (الإسكندرية: أليكس لتكنولوجيا المعلومات، 2004)، ص ص 36 - 42.

فمـن خــلال التنشـئة الوطنيـة يكتسـب الفـرد الاتجاهـات والمشـاعر تجاه النظام السياسي، والتـي تتضمــن المعرفــة (مــاذا يعـرف الفـرد عـن النظـام السياسـي؟) والمشـاعر (مـا مـدى التـزام الفـرد وولائـه للوطـن؟) والكفـاءة السياسـية (مـا الـدور الـذي يجب أن يقـوم بـه الفـرد في النظام السياسي؟)، وهنـا يظهـر جليـاً دورهـا في تفعيـل المشـاركة السياسـية؛ لكونهـا عمليـة توصيـل للثقافـة السياسـية، وبالتـالي تكون نتيجتهـا الطبيعيـة وجـود مجموعـة مـن الاتجاهـات والمـدارك ومعايـير للقيـم والأحاسـيس تجـاه النظـام السياسي وأدوارِه المختلفـة وشاغلي هـذه الأدوار، كمـا أنهـا تتضمــن الإلمـام بالقيـم المؤثـرة والمشـاعر تجـاه مدخـلات المطالـب إلى النظـام ومخرجاته السلطوية[24].

وبنـاءً عـلى ذلـك، فـإن هنـاك ترابطـاً بـين الثقافـة المجتمعية وبين نشـاطية مؤسسـات التنشـئة الوطنيـة، فأهميـة هـذه الأخـيرة سـتكون لا معنـى لهـا إذا لم تكـن فعالـة، ولـكي تكـون فعالـة فلابـد لهـا مـن بيئـة تسـمح لهـا بالتعبـير عنهـا، وهـذه البيئـة غالبـاً مـا تكـون موجـودة في ظـل ثقافـة مدنيـة تعمـل عـلى تمكـين المواطنـين مـن المشـاركة العامة.

وتسـهم الثقافـة السياسـية السـائدة في المجتمـع، إلى حـد كبـير، في تحديـد شـكل نظـام الحكـم، بـل إنهـا قـد تسـهم في تحديـد عنـاصر الحكـم، وهـذه العنـاصر قـد تتكـون مـن علمـاء الديـن أو العسـكريين أو القانونيـين... إلخ، وفي مثل هـذه الحالـة يتوقـع أن تعكس السياسة العامة مصالحهم في المقام الأول.

وبنـاء عـلى الثقافـة السياسـية السـائدة في المجتمـع، فقـد يكـون هنـاك تهميـش للفئـات الأخـرى. ونخـص بالذكـر النسـاء، حيـث إن الإقصاء السـياسي للمـرأة سـينتج مجتمعـاً خاليـاً مـن أي نمـاذج نسـوية قياديـة ناجحـة في المجتمـع، وهـو مـا يوسـع ثقافـة الإقصـاء لـدى الرجـال؛ فيحجمـون عـن المبـادرة إلى منح نسـائهم مسـاحات مشـاركة أوسـع؛ فكل رجل

---

24. عصام سعود أبو مغلي، دور الأسرة في عملية التنشئة السياسية في الأردن، مرجع سابق، ص ص 23 - 26.

لا يريـد لنفسـه أن يكـون صاحـب التجربـة الأولى ليتحـدى بهـا تقاليـد المجتمـع وأعرافـه، بينمـا لـو أن هـذا الأخيـر لا يمـارس الإقصاء السـياسي عـلى المـرأة، وتظهـر فيـه قيـادات نسـوية ناجحـة فسـوف يؤثـر هـذا بلاشـك في ثقافة الرجـال (أربـاب الأُسَر) ويجعلهـم يقتنعـون بمنح نسـائهم مسـاحات مشـاركة أكـبر، سـواء علميـاً أو عمليـاً، ولـن يعيقهـم الخـوف مـن كـسر العـادة أو العُـرف؛ لأن النمـاذج الناجحـة مـن النسـاء سـوف تكـون مشجعة لهم في هذا الاتجاه.

ومـن هـذا المنطلـق تهـدف الثقافـة المدنيـة إلى تنميـة الوعـي العـام لـدى المـرأة وتمكنها مـن فهـم حقوقها وواجباتها في حـدود المشـاركة العامـة التـي هـي مظهر مـن مظاهـر السـلوك الاجتماعـي، وذلـك طبقـاً لقوانـين البـلاد المجسـدة في الدسـتور والقوانين والمؤسسات العامة.

فالعلاقـة بـين الثقافـة المدنيـة والمشـاركة السياسـية تكمـن في اكتسـاب المـرأة مجموعـة مـن القيـم والمعتقـدات، ويصبـح لديهـا كذلـك سـلوك اجتماعـي معـين يمكِّنهـا مـن المشـاركة الفعليـة في قيـادة المجتمـع مـن خـلال تمثيلها في عضويـة منظمـات المجتمـع المـدني والمؤسسـات الاقتصاديـة والاجتماعيـة وكذلك مشـاركتها في الانتخابـات؛ أي أن تكـون هـي صاحبـة القـرار ويحـترم الكـل هـذا القـرار الصـادر عنهـا، حيـث إنـه بـدون ثقافـة مدنيـة لا يمكـن تحقيـق مرحلـة المواطنـة الكاملـة للمرأة[25].

إن غيـاب هـذه الثقافـة المدنيـة هـي التـي غيبـت النسـاء في بعـض البلـدان عـن مواقـع صنـع القـرار، وأبعدتهـن عـن المناصـب العامـة والإداريـة التـي تسـود فيهـا السـيطرة والانفـراد الذكـوري، ويحتمـل أن يسـود تدريجيـاً توسـيع وتعزيـز ثقافة

---

25. خالـد فيـاض وآخرون، المـرأة البحرينيـة في المجلـس الوطني، (المنامة: معهد البحريـن للتنميـة السياسـية، 2014)، ص ص 76 - 82.

منع المرأة من أي مشاركة خارج إطار الأسرة، فالثقافة والأعراف المجتمعية التي تهمِّش المرأة ستستغل التوجه والوضع السياسي الخالي من إشراك المرأة وتستفيد منه، لتوسيع دوائر إقصاء المرأة في كل مجالات التنمية.

وفي المقابل، إذا كان للمرأة حضور في مواقع صنع القرار، وأتيح لها المشاركة في أدوار قيادية وإدارية وخدمية، فإن رموزاً ونماذج ناجحة منهن سوف يعكسن انطباعاً إيجابياً لدى المجتمع تجاه دور المرأة وقدرتها، وهذا الوجود للمرأة - مع مرور الزمن - سيسهم في إذابة المفاهيم المغلوطة في الثقافة والتقاليد والأعراف المجتمعية، وهو ما سوف يسهم تدريجياً في توسيع المساحات المسموحة للمرأة من قبل المجتمع للاشتراك في الجوانب التنموية المتعددة؛ وهو ما يعني أن جهود نصف المجتمع وطاقاته وأفكاره ستنضم إلى جانب النصف الآخر لتنمية الأوطان، وإن لم يكن النصف كله فجزء منه - على الأقل - إذا اشترك ومما فسوف يُحدِث أثراً كبيراً.

أضف إلى ذلك أن الثقافة المجتمعية عادة ما تظهر كمتغير مستقل تقاس به طبيعة العلاقة بين الدولة والمجتمع المدني، أو كمتغير تابع تمثل فيه الثقافة المجتمعية مجموع الميول والنزعات، وهذه الميول تارة تكون توافقية وتارة تكون تصارعية؛ ففي الثقافة السياسية التوافقية تميل الاتجاهات العامة نحو إيجاد نظرة مشتركة تسمح للنخبة فيها - بشقيها السياسي والفكري - بالبحث عن أنجع الوسائل المناسبة لاتخاذ القرارات السياسية المتلائمة مع النواتج الاجتماعية المرغوبة، أما في الثقافة السياسية التصارعية فتتحول فيها الميول إلى نزعات عدوانية بسبب الخلافات والتناقضات السياسية التي تقع بين النخب حول شرعية النظام السياسي وكيفية حل مشاكل ممارسة السلطة[26].

---

26. سعد الدين إبراهيم، المجتمع المدني والتحول الديمقراطي في الوطن العربي، (القاهرة: مركز ابن خلدون للدراسات الإنمائية، 1991)، ص ص 22 - 36.

ويبقى مفهوم الثقافة السياسية في دولة ما قائماً على متغير الميول والنزعات في بعديه التاريخي والوظيفي، ويمثل مقاربة قابلة للاستخدام بحيث يمكن التعرف على جوهر العلاقة بين الدولة والمجتمع المدني تحديداً، بما فيه من تنظيمات نسوية، انطلاقاً من طبيعة الواقع الاجتماعي والسياسي الذي تشكلت فيه الدولة، وطبيعة النظام السياسي والمنخرطين فيه، وموقع اللاعبين الآخرين وتوجهاتهم السياسية المختلفة، وبتعبير آخر طبيعة الثقافة السياسية التي برزت في فترات مختلفة من الزمن. فمن شأن هذا التتبع تفسير العلاقة بين الدولة والمجتمع المدني في شقها المتعلق بالمرأة.

من هنا تأتي أهمية مؤسسات التنشئة الوطنية، بما فيها منظمات المجتمع المدني، ودورها في إنتاج ثقافة سياسية مدنية حديثة تسمح بوجود فئات المجتمع وعناصره كافة بما فيها المرأة، وقبول قواعد المشاركة العامة والإيمان بأهمية وجود ثقافة سياسية تعزز من قيم المشاركة والتعاون وتروج لأفكار التسامح الفكري وقبول الآخر، في إطار الحوار البناء لإحداث التفاعل الخلاق بين الرأي والرأي الآخر، وبين الاتجاهات السياسية والاجتماعية والدينية كافة، وبين الرجل والمرأة أيضاً؛ لذلك من الممكن تحديد وظائف التنشئة الوطنية[27] في الآتي:

• **وظيفة تدعيم الوضع الراهن والمحافظة عليه:**

ذلك لأن الاستقرار شرط ضروري للمشاركة السياسية، كما تساعد هذه الوظيفة الفرد على اكتساب ثقافة سياسية وتكوين وعي سياسي يكوِّنان لديه اتجاهاً وميلاً نحو السياسة بصفة عامة. وهناك مؤسسات عديدة في المجتمع تسهم في هذه العملية، بعضها يتصل بالأسرة والمؤسسة الدينية والمدرسة والإعلام والحزب

---

27. مولود زايد الطبيب، التنشئة السياسية ودورها في تنمية المجتمع، (عمان، المؤسسة العربية الدولية للنشر، 2001)، ص ص 11-12.

السياسي وغيرها، وبعضها يتصل بالمجتمع العام والمناخ الذي يتسم به. فكل مؤسسة تلعب دوراً معيناً، حيث تبث أفكاراً وقيماً ومعايير تنمي وعي أفرادها. والمرأة كفرد تنتمي إلى هذه المؤسسات وتتأثر بما يحدث داخلها وتتعرض لعملية التفاعل والتبادل الاجتماعي والثقافي والسياسي؛ لأن هناك تحالفاً بين هذه المؤسسات والمجتمع، ومن ثم فالتنشئة السياسية تعمل على نقل الثقافة السياسية من جيل إلى آخر، وتعمل على تكوينها وتغييرها، بما يغير طريقة المشاركة السياسية ودرجتها وأهدافها.

• التجنيد السياسي:

بمعنى عملية تحديد الأفراد للمواقع السياسية المهمة وانخراطهم في العمل السياسي.

• التكامل السياسي:

أي تحقيق التجانس داخل الجسد السياسي والاجتماعي وإيجاد إحساس مشترك بالتضامن ووحدة المصالح والمصير.

والواقع أن السياسة العامة لا تعدو أن تكون أحد أبعاد التنشئة السياسية، فهي تتوقف على عوامل عديدة بعضها يتعلق بالبيئة السياسية، والبعض الآخر يتعلق بالمنبهات السياسية، والبعض الثالث يتصل بالفرد نفسه سواء بتكوينه العقلي أو النفسي. وتشتمل البيئة السياسية على متغيرات عديدة تتصل بالتنشئة الوطنية، حيث تُغرَس قيم إيجابية؛ كالإقدام، والعمل الجماعي، والمشاركة، وهذه يكتسبها الفرد فتؤثر على استجابته للمنبهات السياسية التي يتعرض لها من خلال مصادر التنشئة السياسية المختلفة، ومن ثم تؤثر على مشاركته في نشاطه السياسي.

فأهمية التنشئة السياسية في هذا الشأن ترجع إلى أنها تؤثر في الاتجاهات والمعرفة التي قد تدفع الفرد إما إلى الاهتمام السياسي أو إلى العزوف عنه، وفي

هـذه الحالـة قـد تتشـكل معضلـة أمـام النظـام السـياسي الـذي عليـه أن يجـد حـلاً لهـا، فـما عليـه إلا أن يسـتمر في بنـاء المؤسسـات السياسية مـن ناحية، وفتـح قنـوات للتعبـير السـياسي مـن ناحيـة أخـرى؛ حتـى يخفـف مـن الآثـار السـلبية لعـدم المشـاركة السياسـية، وهـو مـا أطلـق عليـه مفهـوم السـلبية السياسـية؛ لأن عـدم الاهتـمام السياسي يرتبط بعدم الاهتمام العام.

وعليـه، فالسـلوك السـياسي جـزء مـن السـلوك الاجتماعـي، فكلـما سـنحت الفرصـة للتعبـير والمسـاهمة في الأنشـطة الاجتماعيـة زاد احتـمال مشـاركة المـرء في الحيـاة السياسـية والعكـس صحيـح، فالتنشـئة السياسـية تخلـق المواطـن السـياسي نظريـاً، والمشاركة تؤكد وجوده عملياً.

وعليـه، فـإن اكتسـاب الوعـي السـياسي هـو أحـد أهـم أهـداف التنشـئة السياسـية، التـي تشـكل لـدى الفـرد المواطـن إرثـاً مكتسـباً مـن شـأنه أن يكـوّن وعيـاً سياسـياً معينـاً، يُتَرَجَـم في صـورة سـلوك سـياسي جوهـره الحقيقـي يتمثـل فيـما تقدمـه ومـا تقـوم بـه هـذه التنشـئة السياسـية مـن دور في تشـكيل سـلوك الفـرد مـن خـلال مؤسساتها.

أمـا تأثيرهـا عـلى السـلوك السـياسي فإنـه يكمـن في تدخلهـا في تكويـن الآراء والقيـم والاتجاهات التي تعتبر استعدادات كامنة لأداء استجابات سلوكية محددة.

ويتضـح مـما سـبق أن التنشـئة الوطنيـة هـي محـدِّد أسـاسي لمشـاركة المواطـن سياسـياً مـن عدمـه، عـلى أسـاس أن مكتسـبات المواطـن منهـا هـي التـي توجه تصرفاته وردود أفعالـه فيـما يتصـل بالمشـاركة السياسـية التـي تُعِدُّ المواطـن وتؤهله لأن يشـارك في العمـل السـياسي بالصـورة والدرجـة التـي تتسـق وطبيعـة عمليـة التنشـئة السياسـية التـي اكتسـبها هـذا المواطـن، وهـي بهـذا المعنـى تعَدُّ أحـد المحـددات الرئيسـية لنمـط السـلوك السـياسي، ومـن ثم يمكـن القـول إن المؤسسـات الرسـمية وغيرهـا هـي التـي ترسـخ تنشـئة سياسـية لـدى المـرأة والرجـل بمقدرتها

على إعطـاء شرعيـة للنظـام السياسـي، كـما أن بإمكانهـا التشـكيك في تلـك الشرعيـة، وبالتالي رفض النظام.

ويأتي دور مؤسسـات التنشـئة الوطنيـة في تشكيل المدركات السياسـية للمواطنيـن، باعتبارهـا وسـائل للتنشـئة المدنيـة، مـن خـلال إثبـات تلـك المؤسسـات لقدرتهـا عـلى تزويـد المواطنيـن بمعلومـات عـن الشـؤون والقضايا العامـة وتركيـز إدراكهـم عـلى أهميـة هـذه القضايـا، وفقـاً لـما تقدمـه مـن رؤى وتفسـيرات للأحـداث وترتيـب أولوياتها.

وتختلـف طبيعـة مؤسسـات التنشـئة الوطنيـة باختـلاف المجتمعـات والأوطان؛ ففـي المجتمعـات التقليديـة تلعب القبيلـة والعائلـة والأسرة بالإضافة إلى المؤسسـة الدينيـة الـدور الأكـبر في عمليـة التنشـئة الوطنيـة. أمـا في المجتمعـات الحديثـة، فـإن ذلـك الـدور تقـوم بـه مؤسسـات الدولـة الحديثـة مـن سـلطات تشريعيـة وتنفيذيـة وقضائيـة، بالإضافة إلى منظمـات المجتمـع المدني، ووسـائل الإعـلام بشـقيها التقليدي والحديـث، فكلـما تبلـور النسـق الوطني للدولـة وتمايزت وظائفها بـرزت المؤسسـات الوطنية، وأدى ذلك إلى تراجع دور المؤسسات التقليدية في عملية التنشئة الوطنية[28].

إلا أنـه مـن الأهميـة التأكيد عـلى أن عمليـة التنشـئة لا ترتبط بمؤسسات أو أجهـزة خاصـة، كالمدرسـة والمؤسسـات التعليميـة المختلفـة وأجهـزة التدريـب والتوعيـة والتثقيـف، وإنمـا تتسـع إلى امتـداد حيـاة الإنسـان وحتـى وفاتـه، وتصبح مسـؤولية المجتمـع والأسرة وجماعـات الرفـاق والمـدارس والجامعـات، والصحافـة المقـروءة والمسـموعة والمرئيـة، والمؤسسـات الدينيـة والسياسـية والثقافيـة وغيرها أيضاً[29].

---

28. ريمـة حسـان. (2004-2005)، التنشـئة السياسية بالمغـرب مـن 1956 إلى 2003. رسـالة دكتـوراه غـير منشـورة. جامعة محمد الأول كلية العلوم القانونية والاقتصادية والاجتماعية. وجدة. ص: 10-11.

29. رضا هـلال، التعليـم والتنشـئة السياسـية في العالـم العربي (المنامة: معهد البحريـن للتنمية السياسـية، 2014)، ص ص 12 - 15.

وهذه الوسائل يلجأ إليها المواطن طوال فترة حياته، وتعمل على ترسيخ تلك القيم والمعايير حتى يتقبل عمل النظام من جهة، ويستمر النظام بالبقاء والاستمرار من جهة أخرى[30].

ولتوضيح أكثر، فإنه من الممكن تمثيل أهم مؤسسات التنشئة الوطنية في أي دولة بكل من الأسرة، والمؤسسة التعليمية، والمؤسسة الدينية، والإعلام، بالإضافة إلى المجتمع المدني، وذلك على النحو الآتي:

1. الأسرة:

هي أول مؤسسة اجتماعية يعايشها الفرد ويتربى في أحضانها، وهي التي تقوم بغرس القيم الاجتماعية والسياسية، وتبدو أهمية الأسرة باعتبارها مصدر اعتماد الفرد مادياً ومعنوياً. وعليه، يمكن القول إن دور الأسرة في تشكيل الذات السياسية يسير في خط متوازٍ مع دورها في التنشئة الوطنية، وتتمحور حول الأسرة حياة الأفراد، بغض النظر عن النمط المعيشي والوضع الطبقي والانتماءات الطائفية والإثنية والقبلية، فهي الوسيط بين الفرد والمجتمع.

وفي السنوات الأولى من حياة الفرد تلعب الأسرة دوراً أساسياً في عملية التنشئة الاجتماعية والأخلاقية والسياسية؛ لأنها المؤسسة الاجتماعية التي يحتك بها الفرد أكثر من أية مؤسسة أخرى، وهناك من يذهب أكثر من ذلك بالقول "إن نتيجة التنشئة السياسية في آخر المطاف تعتمد على مدى التوافق بين ما يتلقاه الطفل في المنزل وبين ما يتلقاه بواسطة وسائل التنشئة الأخرى".

من ناحية أخرى تقوم التنشئة الوطنية على تنمية قدرة الطفل على فهم البيئة السياسية التي يعيش في إطارها الطفل أو الفرد، وإن تأثير التنشئة الاجتماعية الذي تمارسه الأسرة في علاقة الطفل بوالديه يتضمن الأبعاد التالية:

---

30. علياء عزي، الإعلام والتنمية السياسية، (المنامة: معهد البحرين للتنمية السياسية، 2017)، ص ص 23-25.

- توزيـع السـلطة في العائلـة: وهـل هـي موزعـة بـين أفـراد الأسرة أم مركَّزة في شخص واحد؟

- قوة العلاقة وحرارتها بين الطفل وذوي السلطة في الأسرة؟

- أنمـاط الانضبـاط في الأسرة: هـل هـي شـديدة ومصحوبـة بعقوبـات ماديـة أم هي أكثر تساهلاً وقائمة على أساس المكافآت؟

لـذا، فـإن الأسرة لهـا دورهـا في تأهيـل الفـرد للانخراط في الحيـاة السياسـية بـأن يكـون مصوِّتـاً أو مرشَّحـاً أو عـلى الأقـل مهتـماً، وهـذا أضعـف الإيمـان، فقـد نـرى أن بعـض الأفـراد لا يقدمـون عـلى المشـاركة السياسـية، وذلـك قـد يعـود إلى وجـود قيـم وعـادات قديمـة تدفعـه إلى عـدم الاهتـمام بالأمـور السياسـية، فالطفـل حينـما يتأثـر بنمـط تنشئة سياسـية معـين، فإنـه يمـر بمراحـل متعـددة كي يحصـل عـلى معرفـة تجـاه السـلطة. كـما أن وجـود تنشـئة سياسـية صحيحـة توجِّـه نحـو الأطفـال في المراحـل المبكـرة مـن عمرهـم مطلـب ضـروري يحتـاج إلى بيئـة وإرادة سياسـية تسـاعد فعـلاً عـلى تفعيـل هـذه العمليـة بشكل صحيح ومؤثر؛ من أجل الحصول على أفراد فاعلين في المجتمع[31].

كـما تشـير الدراسـات المبكـرة إلى أهميـة الأسرة ودورهـا في التنشـئة السياسـية؛ مثـل دراسـة ولفشـتاين عـن زعـماء الأزمـات، التـي ركـزت عـلى أن الخـبرات الأسريـة الأساسـية لهـا تأثير تكوينـي عـلى شـخصية الزعـماء القياديـين مثـل: لينـين، وتشرشـل، وغاندي، وعبد الناصر[32].

31. محمد حسنين العجمي، الإدارة المدرسية، (القاهرة: دار الفكر العربي، 2000)، ص 40.

32. عـلي الديـن هـلال وكـمال المنـوفي (محـرران)، التعليـم والتنشـئة السياسـية في مـصر، (القاهـرة: مركـز البحـوث والدراسات السياسية، 1994)، ص ص 16-17.

2. المدرسة

إن أهــم مــا يميــز المدرســة كأداة مــن أدوات التنشئة السياسية عــن غيرهــا مــن الأدوات أنهــا إلزاميــة، وتعتبــر المدرســة أول مؤسســة رسمية يرتبط بها الفــرد في حياتــه؛ لــذا فهـي الأداة الرسمـي مـن أدوات التنشئة الوطنيـة، وتمهد المواطن لتقبُّل أدوار باقي أدوات التنشئة، ولذلك فقد اهتمت الــدول والحكومـات بإلزامية التعليـم ومجانيتـه، ليـس مــن أجـل رفـع المستوى العلمـي وحسـب، بـل مـن أجـل تنشـئة الأجيـال بالشـكل الـذي يتوافـق مـع متطلبـات الدولـة أيضاً. وتمـارس المدرسة دورها ذلك من خلال ثلاث آليات محددة، هي:

أ- المنـاخ المدرسي: بما أن المدرسة هـي المؤسسة الرسمية الأولى التـي يلتحق بها الفـرد، فإنـه يتأثر بها بدايـة مـن الجـو السـائد فيهـا، فقـد يكـون هـذا المناخ مشجعاً لسـلوك الطفـل، ويـزرع أمامـه الأمـل والتفاؤل، ويحظـى فيهـا بالرعايـة، وذلـك بما يعـزز الثقـة بالنفـس وحـب التفـوق والإبداع (وذلك مـن خلال دعـم المدرسة لأنشطة الطلاب الإبداعية). وعلى العكس مـن ذلك فقد تـزرع المدرسة الإحبـاط والخمـول في نفـس الطفـل، وقـد تتضمـن المناهج أحيانـاً أفكاراً ومبادئ قيّمـة، ولكـن الطفـل يـرى في مدرسته مـا يخالـف ويناقـض مـا يدرُسُه، فتكـون فاعلية مدرسته ضعيفة.

وفي هذا السياق يشير التربويون إلى تصنيف المدرسة إلى ثلاثة أنماط[33]:

1. النمط الأوتوقراطي أو الفردي أو الديكتاتوري أو التسلطي والاستبدادي.

2. النمط الحر.

3. النمط المشارك التعاوني.

---

33. جون دكت، علم النفس الاجتماعي، ترجمة: عبدالمجيد صفوت، (القاهرة: دار الفكر العربي، 2000)، ص 29.

فالنمـط الأول ينتـج عنـه الخضـوع والطاعـة وقلـة فـرص الإبـداع، والنمـط الثاني - وهـو النمـط الحـر - يدفـع إلى الإهـمال والتقليـل مـن أهميـة العلـم والوقـت. وأمـا النمـط الثالـث - وهـو النمـط التعـاوني - فهـو الأفضـل، حيـث يشـعر الطالـب بأهميتـه في المدرسة؛ ما يشعره بالمسؤولية.

ب - المناهـج الدراسـية وأثرهـا علـى التنشـئة الوطنيـة: يهتـم النظـام التربـوي والتعليمـي بتلقيـن الفـرد المقـررات الدراسـية التـي تسـاعده علـى زيـادة وعيـه وتعليمـه القـراءة والكتابـة والحسـاب، وتعويـده علـى الفهـم والحفـظ، فتخلـق منـه شـخصاً متعلـماً، يسـتطيع أثنـاء دراسـته، وبعـد إنهائهـا، التعـرف علـى مـدركات الأمـور مـن حولـه. ومـن خـلال تلـك المقـررات والمناهـج تتـم تنشـئة الطلاب، فمـع تطـور المراحـل الدراسـية تتطـور المفاهيـم والقيـم والأحـداث السياسـية في تلـك المناهـج، لتتمـاشى مـع بعضهـا البعـض في نسـق تعليمـي متكامـل، ولتواكـب النمـو العقلي والمعرفي للطالب.

وترتكـز تنشـئة الطـلاب علـى مقـررات معينـة أكثـر مـن غيرهـا؛ فمثـلاً منهـج التربيـة الوطنيـة (أو التربيـة القوميـة) ومنهـج التاريـخ يكـون غالبـاً أثـرى مـن غيـره في القيـم والمعتقـدات السياسـية، ويمكـن أن يضـاف إليهـما أيضـاً مناهـج اللغـة العربيـة والتربيـة الدينيـة، وتحمـل المقـررات مضاميـن تسـتهدف خلـق مواطـن صالـح يهتـم بقضايا وطنـه، أو تتضمـن مـا يسـاعد علـى الترويـج لأيديولوجيـة معينـة أو مذهـب معيـن، ويخلـع الشـرعية علـى النظـام السياسـي، وقـد تجمـع المقـررات بين النوعين[34].

لقـد كانـت - ولاتـزال - المناهـج الدراسـية تلعـب الـدور الأسـاسي في عمليـة التنشـئة، وتغـرس القيـم التـي سـوف تحملهـا الأجيـال الصاعـدة، وسـوف تؤثـر تلـك القيـم في سلوكيات ومعتقدات تلك الأجيال[35].

---

34. جون دكت، علم النفس الاجتماعي، مرجع سابق، ص 35.

35. جون دكت، علم النفس الاجتماعي، مرجع سابق، ص 137.

إن مضمـون المقـررات ليـس لـه دور أو تأثـير في التنشـئة وحسـب، بـل إن طريقـة تدريـس المناهـج وأسـلوبها تؤثـر في الطـلاب أيضـاً، فالتعليـم الـذي يعتمـد علـى السرد والتلقـين مـن شـأنه خلـق نسـخ مكـررة مـن الشـخصيات، ولكنـه يعجـز عـن خلـق إنسان مبدع قادر على التفكير الاستقلالي والمحاكاة الموضوعية[36].

جـ- الطقـوس المدرسـية: تتمثل هـذه الطقـوس في: تحيـة العلـم، وترديـد النشـيد الوطنـي، والاحتفـال بالأعيـاد الوطنيـة والقوميـة، وتعليـق الصـور والرمـوز الوطنيـة... وغيرها. وتسـاعد ممارسـة هـذه الطقـوس علـى بـث القيـم المرغوبة في نفـوس النشـء، كما تكـرس الطابـع الجماعي لحب الوطن والانتماء إليه؛ لكونها تمارَس بطريقة جماعية في الأغلب الأعم[37].

د- أسـلوب المعلـم في التدريـس: يملـك المـدرس التأثـير في النشـء مـن خـلال شرح الـدروس وتحليـل القضايـا وإبـداء الـرأي، أضـف إلى ذلـك تأثـير طريقـة المعلـم وأسـلوبه علـى تنشـئة الطلاب سياسيـاً، فالمعلـم الـذي يشجع الطلاب علـى المشاركة والتعـاون وإبـداء الـرأي واحتـرام الآخر سـيكون طلابـه أكثر قدرة علـى إبـداء آرائهم واتخـاذ المواقـف تجـاه القضايـا المختلفـة. أمـا المعلـم الـذي يعتمـد علـى الزجـر والـضرب وفـرض سـلطته بالقوة دون إعطـاء أية فرصة لطلابه للتعبـير عـن آرائهـم سيكون طلابه أقل جرأة ويحملون شعوراً باللامبالاة[38].

وهكذا تلعب المدرسـة دوراً محوريـاً في تشـكيل رؤية الفـرد وجعلـه عضواً نشـطاً في دولـة مدنيـة تسـعى إلى تعزيـز قيـم الانتـماء الوطني وتقديـم ذلك الانتماء علـى مـا عـداه مـن انتـماءات تحتيـة أو فوقيـة، تأسيسـاً علـى تعزيـز قيـم المسـاواة والعدالة والتمكين للجميع، بما فيهم المرأة.

---

36. علي الدين هلال و كمال المنوفي (محرران)، التعليم والتنشئة السياسية في مصر، مرجع سابق، ص17.

37. عبدالله محمـد عبدالرحمـن، علـم الاجتـماع السـياسي: النشـأة التطوريـة والاتجاهـات الحديثـة والمعاصرة، (بيروت: دار النهضة العربية، 2001)، ص 28-29.

38. عبدالمنعم المشـاط، التنميـة السياسـية في العـالم الثالـث نظريـات وقضايـا، (أبوظبـي: مؤسسـة العين للنـشر والتوزيع، 1988)، ص 36.

3. المؤسسة الدينية:

أما ثالثة الوسائل التي لها دور مهم في عملية التنشئة الوطنية فهي المؤسسة الدينية، وتشمل كل ما يتعلق بمؤسسات تعليم الدين والتربية، سواء كانت مسجداً أو كنيسة أو معبداً لأي ديانة أو طائفة ترى في أفكارها وسيلة للتقرب للإله لدخول الجنة، وتجنب الوقوع في براثن الشر، وما يستتبعه من مصائر سلبية.

ولما كان للدين أهمية في العديد من المجتمعات، باعتباره مصدر القيم والمُثُل العليا وقواعد السلوك الأخلاقي ومبادئه، ولطالما ظل من أهم مقومات النظام الاجتماعي والثقافي، وهو بطبيعته لا يقبل سياسة الجدل، وإن جوهره يبقى راسخاً لأجيال عديدة - فإنه يشكل عاملاً شديد التأثير في توجيه تصرفات الشعوب والجماعات والأفراد[39].

وفي الوقت الحالي أصبح للمؤسسة الدينية أهمية بالغة وكبيرة أكثر من أي وقت مضى؛ لما تشهده المجتمعات من نمو وتقدم في شتى مناحي الحياة، وبروز تعقيدات جديدة أفرزتها عوامل التقدم التكنولوجي والاقتصادي والثقافي؛ الأمر الذي جعل الناس أكثر التصاقاً والتفافاً لمعرفة أمور دينهم ودنياهم، ومعرفة الحكم الشرعي لاستجلاء الأحكام الدينية في العديد من المشاكل والقضايا الاجتماعية. ومن هنا يأتي دور المؤسسة الدينية بما تحمله من خطاب ديني واضح يدعو إلى اتباع المبادئ الصالحة لترسيخ قيم الدين في نفوس النشء، والربط بين الدين والحياة، وبين الدين واحتياجات الإنسان المعاصر، وبين الدين وقضايا المجتمع، وشرح القضايا الراهنة والمستجدة وموقف الدين منها، بمنهج وسطي معتدل.

---

39. محمد فتح الله الزيادي، الخطاب الإسلامي: مميزاته والتحديات التي تواجهه، مجلة الدعوة الإسلامية، العدد 26، عام 2009، ص 34.

فالمضمـون الدينـي إذا أُعـدَّ إعـداداً جيـداً وانطلـق مـن خـلال اسـتراتيجية محـددة ومنظمـة - فإنـه يمكـن أن يسـهم في تنميـة الوعـي الدينـي لـدى الجماهيـر، ويبصرهـم بشـؤون دينهـم وثقافتهـم الدينيـة، كـما يعمـل عـلى العـرض المتـوازن لمختلـف المشكلات والقضايا الاجتماعية التي يعانيها المجتمع[40].

وقـد تشـكل المؤسسـة الدينيـة عامـلاً مقيـداً لعمليـة تنشئة وطنيـة تؤمـن بثقافة مدنيـة تقبـل الآخـر، وتتعايـش معـه، وتعمـل عـلى تطويـر المجتمـع، بالشـكل الـذي يسـاعد عـلى إنشـاء دولـة مدنيـة تحتـوي أبنـاء المجتمـع كافـة عـلى قـدم المسـاواة دون إقصـاء أو تهميـش. وفي المقابـل، قـد تكـون المؤسسـة الدينيـة أيضـاً عامـلاً مسـهلاً ومعززاً لتلك الثقافة.

وقـد تعرضت قضيـة المشـاركة السياسـية للمـرأة للعديد مـن الإشـكاليات؛ منهـا مـا هـو ثقـافي، ومنهـا مـا هـو سيـاسي، ومنهـا مـا هـو اجتماعـي. ولكـن تظـل الإشـكالية الأكـبر هـي الإشـكالية الثقافيـة المرتبطـة ببعـض التفسـيرات والتأويـلات الدينيـة، والتـي انعكسـت عـلى الإشـكاليات الأخـرى كافـة، باعتبـار أن الديـن في بعـض المجتمعات يشكل محوراً مهماً في تطورها السياسي.

وقـد تعـرض العديـد مـن علـماء الديـن ومفكريه لقضيـة التمكين السياسـي للمـرأة، مركِّزيـن جـل جهودهـم عـلى مـا يحيـط بهـا مـن قيـود ومـا لحـق بهـا مـن رؤى تحرريـة تقدميـة، وحاولـوا قـدر طاقاتهـم إيجـاد مسـوّغ مناسـب للتقييـد أو الإباحـة، محاولين بذلـك توضيـح الأمـور بشـكل دقيـق وواضـح. فكانـت الاجتهادات الدينيـة، والتي انقسمت إلى ثلاثة اتجاهات رئيسية في مسألة تمكين المرأة:

40. جيهـان سـيد يحيـى. (2011). معالجـة قضايـا الأسـرة في البرامـج الدينيـة بالفضائيـات العربيـة ودورهـا في تشـكيل معارف الجمهور واتجاهاته نحوها. رسالة دكتوراه غير منشورة. جامعة الأزهر. القاهرة. ص ص 52 - 56.

الاتجاه الأول: يميل إلى التشدد في التعامل مع قضية تمكين المرأة، فلا يجيزه من حيث المبدأ، ويرتبط هذا التحريم من وجهة نظره بأمرين أساسين: الأول، رفض فكرة التمكين السياسي للمرأة تحديداً بشكل كامل. والأمر الثاني التحفظ على ما يرتبط بخروج المرأة ومشاركتها في الحياة العامة من مفاسد ومخالطة للرجال.

الاتجاه الثاني: وهو يميز بين اتجاهين فرعيين؛ الأول يبيح مشاركة المرأة بالتصويت في مختلف الانتخابات العامة، معتبراً ذلك من باب توكيل المرأة من ينوب عنها في إدارة شؤونها السياسية. والثاني يفرق بين الولاية الخاصة التي يقر فيها بمشاركة المرأة من قبيل الاستوزار والنيابة البرلمانية أو المحلية وبين الولايات العامة الممثلة في رئاسة الحكومة والقضاء، وهذه يرفضها بشكل كامل؛ استناداً إلى بعض النصوص الدينية.

الاتجاه الثالث: وهو يؤيد توسيع المشاركة السياسية للمرأة، والذي يعد أحد أبرز مجالات التطور في الاجتهادات الدينية الخاصة بالمشاركة السياسية للمرأة[41].

ويحتجُّ مؤيدو هذا الاتجاه بأن التطور السياسي لنظم الحكم تحوّل بالمناصب العامة إلى ما يشبه المؤسسة التي لا يعدو دور من يترأسها كونه دوراً تنفيذياً وليس إنشائياً. ويرى أنصار هذا الاتجاه أن نظرة المجتمع إلى المرأة على أنها دون مستوى الرجل هي وجهة نظر اجتماعية لا علاقة لها بالأديان؛ فالمرأة ليست قاصرة عقلياً، ولا تقلّ كفاءة عن الرجل. وليس هناك مانع ديني يمنع المرأة من تحمّل المسؤولية وتولي السلطة العليا في دولتها. ويذهبون في ذلك إلى أن المفهوم الديني هو مفهوم متحرك منفتح على حركية المرأة، من حيث انفتاحه على إنسانيتها، دون أن يغفل الخصائص والمواهب التي تمتاز بها المرأة، والمواهب والخصائص التي يمتاز بها الرجل. وهذا التميز لكل واحد منهما لا يلغي أفضلية من يستحق منهما أن يتولى أي منصب في الدولة، فلو كانت

---

41. يحياوي هادية، المشاركة السياسية للمرأة بالجزائر، مجلة المفكر، العدد التاسع، 2013، ص ص 21 - 28.

الذكورة شرطاً لتبوُّؤ المناصب السياسية لوجب بيان ذلك بشكل قطعي الدلالة واضح النص[42].

ويمكن القول إن الحديث عن أي تطوير في الفكر الديني ينطلق دائماً من تطور وتغير البيئة الإنسانية المحيطة بظروفها المكانية والزمانية وبتراكم الخبرات والتجارب السياسية؛ الأمر الذي يفرض دائماً الفهم المتطور للنصوص الدينية، بما يفتح المجال أمام التفسير العقلي الذي يربط النص بسياقه العام سياسياً واجتماعياً وثقافياً، بالإضافة إلى السياق الجغرافي.

إننا ينبغي أن ننظر لقضية التمكين السياسي للمرأة انطلاقاً من هذه القاعدة التي كانت دائماً في أذهان العديد من المفكرين التنويريين الذين أثروا الفكر الديني بآرائهم الانفتاحية البعيدة عن التشدد والمؤمنة بالتطور والمستفيدة من الفكر الإنساني عموماً والمستندة إلى الاحترام الكامل للنص الديني وقداسته عن أية تفسيرات أو تأويلات بشرية قد تكون مقيدة أو مانعة للدور السياسي للمرأة، وهنا يكون الدور الذي ينبغي على المرأة أن تتعايش معه وتعمل على تعزيزه، من خلال طرح آراء وأفكار واجتهادات تبرز التفسيرات الدينية التنويرية وتؤكد على دور المرأة الحيوي في التاريخ الديني، رغم محاولات بعض المفسرين إعطاء انطباع دون ذلك عن المرأة ودورها في المجتمع.

4. الإعلام

يأتي الإعلام كوسيلة تنشئة ذات أيادٍ متشعبة، وهو يحتوي على كل آليات الإعلام الحديث منها والتقليدي، الإلكتروني منها والورقي، الجماعي فيها

---

42. إسماعيل صبري عبدالله، المعوقات الاقتصادية والاجتماعية للديمقراطية في الوطن العربي، منشور في الديمقراطية وحقوق الإنسان في الوطن العربي، (بيروت: سلسلة مركز دراسات الوحدة العربية، الطبعة الثانية، 1986)، ص 87.

والفردي[43]، وهـي كلهـا آليـات تبلـور دوراً معينـاً للإعـلام في عمليـة التنشـئة الوطنيـة. فوسـائل الإعـلام تسـتطيع أن تسـهم عـن طريـق تقاسـم المعرفـة في تحقيـق الوحـدة الاجتماعيـة، كـما تسـاعد المجتمـع عـلى أن يظل موحـداً، حيـث توجـد ثقافـة عامـة مشـتركة لـكل أعضـاء المجتمـع، ووسـائل الإعـلام تقـوم بنشـر هـذه الثقافـة العامـة المشـتركة، فكـلما شـعر أعضـاء المجتمـع بهـذا المشـترك الثقـافي زاد توحدهـم وزادت قدرتهـم عـلى اتخـاذ القـرارات التـي تحقـق المصلحـة العامـة، فالمسـاهمة في تحقيـق الوحـدة الاجتماعيـة والترابـط تعد مـن الوظائـف الرئيسـة للإعـلام في تحقيـق الترابـط بـين المجتمـع وقضايـاه الرئيسـية، وتفسـير مـا يجـري مـن أحـداث وما يـبرز مـن قضايـا بمـا يسـاعد في توجيـه السـلوك، حيـث إن للاتصـال دوراً في تشـكيل الـرأي العـام الـذي بـه تتمكـن الحكومـات مـن أداء مهامهـا، بـل إن مقـدرة وسـائل الإعـلام للقيـام بـالأدوار السـابقة مرهـون بتوافـر حـق الجمهـور في الوصـول إلى وسـائل الإعـلام، حيـث يحقـق ذلـك زيـادة الوعـي الصحيـح لـدى الجمهـور العـام مـن خلال التعـرض لتلـك الوسـائل، واسـتخدامها والاسـتفادة منهـا؛ فمحـو الأميـة الإعلاميـة للجماهـير يعتـبر شرطـاً مهـماً لفهـم الجمهـور لوسـائل الإعـلام وزيـادة قدرتهـم عـلى أن يكونـوا ناقديـن لهـذه الوسـائل، كـما يوفـر ذلـك بيئـة مناسـبة لإمكانيـة زيـادة مشـاركة المواطنـين في شـؤون المجتمـع وتمكينهـم بالمعنـى الشـامل لـكل أفـراد المجتمـع وفئاتـه سياسـياً واجتماعيـاً وحتى اقتصاديـاً.

لقـد أضحـى الإعـلام عامـلاً أساسـياً، في تكويـن الـرأي العـام، ومعـبراً عـن حقـوق المواطـن ودور الجماعـات في بنـاء المجتمـع، ومسهمـاً في تسريـع عمليـات التنميـة البشريـة والإنسـانية، وشريكـاً في كل مـا تحقـق مـن إنجـازات وبشـكل خـاص في ميـدان حمايـة الحريـات الأساسـية، وتعزيـز الـدور الخـلاق والمبـدع للإنسـان، مـن خـلال اسـتخدام وسـائل الإعـلام التنمويـة كأداة لإيجـاد التواصـل مـع الأفـراد سياسـياً،

43. أمـاني قنديـل، تطويـر مؤسـسات المجتمـع المـدني، (القاهـرة: الشـبكة العربيـة للمنظـمات الأهليـة، 2004)، ص ص 17 - 21.

والإسـهام في التنشـئة السياسـية، ودفـع الفـرد للإسـهام، في إدارة شـؤونه الوطنيـة والمحليـة[44]، وهـو مـا يسـهم في بلـورة ثقافـة مجتمعيـة قـادرة عـلى تحقيـق دور أكـثر فاعليـة لأفـراد المجتمـع عمومـاً وللمـرأة خصوصـاً في ممارسـة دور نشـط في العمـل العـام وقـادر عـلى التأثـير في حركتـه وتطـوره، سـواء مـن خـلال العمـل الفـردي أو العمـل المؤسـسي الجماعـي، وتحديـداً منظمـات المجتمـع المـدني وهـو المنـبر الخامـس مـن منابـر التنشـئة السياسـية التـي سـنتعرض لهـا تاليـاً، نظـراً لأهميتهـا في موضـوع الدراسة.

ثالثاً: المجتمع المدني.. طريق التعزيز والتمكين

إن درجـة المشـاركة ونطاقهـا تحـدد إلى درجـة كبـيرة توزيـع القـوة power في المجتمـع، بمعنـى القـدرة عـلى إحـداث تأثـير في الآخـر الـذي قـد يكـون فـرداً أو جماعـة أو مجتمعـاً بأكملـه، إلى المـدى الـذي نسـتطيع أن نقـول فيـه إن المشـاركة والتمكـين Empowerment وجهـان لعملـة واحـدة؛ أي إن المشـاركة لا تسـتهدف فقـط تنميـة المجتمـع وصنـع مسـتقبله بـل تسـتهدف أيضـاً تنميـة الـذات المشـاركة وتطويـر قدراتهـا وإمكاناتهـا ووجودهـا الفاعـل والمؤثـر في الحيـاة الاجتماعيـة عـلى كل صُعُدهـا المختلفـة. ومـن هنـا، فـإن درجـة مشـاركة النسـاء في الجوانـب المختلفـة للواقـع الاجتماعـي تقـف كمؤشر أسـاسي عـلى وضـع المـرأة ومشـكلاتها، ومكانتهـا وقوتها وتمكنها في المجتمع.

وتعـد مؤسسـات المجتمـع المـدني مـن المؤشـرات الأوليـة التـي تحـدد دور المـرأة في المجتمـع، حيـث تقـوم بـدور محـوري في صقـل الثقافـة المدنيـة لـدى المواطـن عمومـاً، والمـرأة خصوصـاً، عنـد إبـداء الـرأي وفي التدريـب عـلى أسـاليب التفـاوض الجماعـي،

---

44. عليـاء عـزي، الإعـلام العـربي والتنميـة السياسـية، (المنامـة: معهـد البحريـن للتنميـة السياسـية، 2017)، ص ص 28-32.

وتأكيـد أهميـة التـراضي كآليـة للوصـول إلى حلـول وسـط في حالـة اختـلاف الـرأي أو المصالح، مع التركيز على قيم المشاركة في الحياة العامة والتكافل الاجتماعي[45].

ويعـرف المجتمـع المـدني بأنـه شـبكة التنظيمـات التطوعيـة التـي تمـلأ المجال العـام بـين الأسرة والدولـة، وتعمـل عـلى تحقيـق المصالح الماديـة والمعنويـة لأعضائهـا، والدفاع عـن هـذه المصالح وذلـك في إطـار الالتـزام بقيم ومعايير الاحترام والتسامح السـياسي والفكـري والقبـول بالتعدديـة والاختـلاف، والإدارة السـلمية للاختلافات والصراعات، والاحترام لحقوق الإنسان سواء الاجتماعية أو الاقتصادية أو الثقافية[46].

وفي ذلك يقوم المجتمع المدني على ثلاثة أركان رئيسية هي:

الركن الأول: الفعل الإرادي الحر

فالمجتمـع المـدني يتكون بـالإرادة الحـرة لأفـراده؛ ولذلك فهـو يختلـف عـن جماعات الأهـل والأقـارب مثل الأسرة والعشـيرة والقبيلـة؛ ففـي الجماعـة العائليـة لا دخـل للفـرد في اختيـار عضويتهـا فهي مفروضـة عليـه بحكـم المولـد أو الإرث. كـما أن المجتمع المـدني غـير الدولـة التي تفرض جنسـيتها أو سـيادتها أو قوانينها عـلى مـن يولـدون أو يعيشـون عـلى إقليمهـا الجغرافي دون قبـول مسبق منهـم. وينضم النـاس إلى تنظيـمات المجتمـع المـدني مـن أجـل تحقيـق مصلحـة أو الدفاع عـن مصلحـة مادية أو معنوية.

---

45. برهـان غليـون، المجتمـع المـدني في الوطـن العربي ودوره في تحقيـق الديمقراطيـة، (بـيروت: مركـز دراسـات الوحـدة العربية، 1992)، ص ص 102-117.

46. عبدالخالـق عبدالله، المجتمـع المـدني في دولـة الإمارات العربيـة المتحدة، (القاهـرة: مركـز ابـن خلـدون للدراسـات الإنمائية، 1995)، ص ص 6 - 11.

الركن الثاني: التنظيم الجماعي

فالمجتمع المدني هو مجموعة من التنظيمات، وكل تنظيم يضم أفراداً أو أعضاء اختاروا عضويته بمحض إرادتهم الحرة، ولكن بشروط يتم التراضي بشأنها أو قبولها ممن يؤسسون التنظيم أو ينضمون إليه فيما بعد، وقد تتغير شروط العضوية وحقوقها وواجباتها فيما بعد، ولكن يبقى أن هناك تنظيماً، وهذا التنظيم الرسمي أو شبة الرسمي هو الذي يميز المجتمع المدني عن المجتمع عموماً. فهناك من المفكرين من يعتبر المجتمع المدني هو الأجزاء المنظمة من المجتمع العام، بل إن هناك من يصفه بمجتمع العضويات؛ فبقدر ما يحمل أي مواطن من بطاقات عضوية يكون عضواً نشطاً في مجتمعه المدني، ويذهبون إلى أن الشخص الذي لا بطاقات عضوية له في منظمات المجتمع المدني، فإنه يصدق عليه وصف المهمَّش أو المستضعف، في أي مجتمع معاصر[47].

الركن الثالث: الركن الأخلاقي السلوكي

وينطوي على قبول الاختلاف والتنوع بين الذات والآخرين، وعلى حق الآخرين في أن يكوِّنوا منظمات مجتمع مدني تحقق وتحمي وتدافع عن مصالحهم المادية والمعنوية، والالتزام في إدارة الخلاف داخل وبين منظمات المجتمع المدني بعضها البعض، وبينها وبين الدولة بالوسائل السلمية المتحضرة؛ أي بقيم المجتمع المدني وضوابطه المعيارية، وهي قيم: التسامح، والتعاون، والتنافس، والصراع السلمي[48].

ومن هنا، فإن هناك اتفاقاً على وحدات ومكونات المجتمع المدني، حيث يتكون ويشمل:

47. مصطفى الحمارنة، المجتمع المدني والتحول الديمقراطي في الأردن، (القاهرة: مركز ابن خلدون للدراسات الإنمائية، 1995)، ص 6.

48. حسنين توفيق إبراهيم، دراسة المجتمع المدني في دول مجلس التعاون لدول الخليج العربية، (دبي: مركز الخليج للأبحاث، 2007)، ص ص 10-15.

1. الجماعات المهنية أو النقابات المهنية.

2. المنظمات غير الحكومية أو الجمعيات الأهلية.

3. الاتحادات العمالية / النقابات العمالية (في حالة استقلالها عن الدولة).

4. جماعات رجال الأعمال.

وعليـه، فإن هنـاك عـدة سمـات مميـزة لهـذه التنظيـمات؛ منهـا تميزهـا بالاستقلالية، والتنظيـم التلقـائي، وروح المبـادرة الفرديـة والجماعيـة، والعمـل التطوعـي مـن أجـل خدمـة المصلحـة العامـة، والدفـاع عـن حقـوق الفئـات الضعيفـة. كمـا أنـه مجتمـع التضامـن مـن خـلال تنظيماتـه المختلفـة وتتميـز العلاقـات في المجتمـع المـدني بأنهـا أفقيـة وليسـت رأسـية، بمعنـى أن العلاقـة بـين الرئيـس والمـرؤوس لا تعـدو كونهـا علاقـة بـين زمـلاء اجتمعـوا عـلى تأديـة عمـل تطوعـي مؤمنـين بـه ويسـعون إلى إنجازه دون إلزام أو إكراه.

ومـن الأدوار المتقدمـة والإيجابيـة التـي تقـوم بهـا منظمـات المجتمـع المـدني في ميادين كثـيرة، نشـير إلى بعـض المبـادرات التـي تقـوم بهـا منظمـات المجتمـع المـدني بهدف دعم قضايا المرأة وتطورها، على سبيل المثال لا الحصر:

• محاربة العنف بأشكاله المختلفة.

• الدفاع عن حقها في المشاركة السياسية والاقتصادية.

• الدفاع عن حقوق النساء ذوات الاحتياجات الخاصة.

• فضلاً عـن الـدور الـذي تضطلـع بـه هـذه المنظمـات مـن خـلال المشـاركة في الحمـلات التـي تتنـاول موضوعـات أخـرى؛ مثـل مكافحـة الفسـاد، واللامركزيـة الإداريـة، وغيرها من الملفات في مجال البيئة والتنمية المستدامة.

ولكـن كثيراً مـن المنظمات التـي تنتمي إلى المجتمع المـدني تلعـب أحيانـاً دوراً في تقييـد عمليـة مَدْيَنَـة الثقافـة العامـة للمجتمـع، نظـراً إلى رؤيتهـا التقليدية وانتماءاتهـا السياسيـة والدينيـة والاجتماعيـة والثقافيـة، التي تتعارض أحيانـاً مـع التقـدم والحداثـة، خاصـة تلـك التـي تسـهم في تعزيز استقلالية المـرأة وتحررهـا. وقد بـرزت أيضاً رغبـة جامحة لـدى الكثيريـن في تأسيس جمعيات يديرهـا أفراد أو شـخصيات ناشـطة في الشـأن العـام، لكـن خلفياتهـا ذاتيـة أو في بعـض الأحيـان لتحقيـق أربـاح ماليـة أو لخدمـة أهـداف شـخصية، ثـم الادعـاء بأنهـا تنتمـي إلى المجتمـع المـدني. وهـو أمـر لا يسـاعد عـلى تجـاوز الصـورة النمطيـة التـي تسـعى القـوى التقليديـة إلى إلصاقهـا بالمجتمع المـدني بعدمـا بـات يهـدد مصالحهـم. وهـم يسـعون إلى الترويـج لهـذا التصـور بشـتى الأسـاليب لإفقادهـا المصداقيـة، ومـن ثَـمّ إضعاف دورها وتأثيرها.

لذلـك، فمـن الأهميـة تصويـب المفاهيـم لتصبـح أكـثر وضوحـاً ولتحديـد المقصـود منهـا بدقة أكـثر. فـ"الخيـار المـدني" مثلاً هـو ذاك الخيـار الـذي يعتنق مبادئ حقوق الإنسـان ويدافـع عنهـا بمفهومهـا الشـامل والمتكامـل. وهـذا الخيـار يعمـل عـلى تعزيـز الشـفافية والمسـاءلة والمحاسـبة ويتصـدى للفسـاد ويتبنـى مفهـوم سـيادة الدولـة والمؤسسـات وفصـل السـلطات، وهـو الـذي يعبـر عـن المجتمـع المـدني كـما نـراه، في حيـن أن الأطـر التقليديـة التـي تراعـي بعـض القيـود عـلى حسـاب الثقافة المدنية للمجتمـع هـي أقـرب إلى المجتمع التقليدي الذي يعزز الانتماءات الأولية.

وأمـام هاتـين الفئتـين مـن المنظمات التـي تنتمي إلى المجتمع المـدني يصبـح هـذا الفضـاء حلبـة لـصراع الأفـكار وتنافسـها مـن أجـل بلـورة المواقـف مـن القضايـا والتحديـات والعمـل عـلى تطويرهـا، وهـو أمـر إيجابي إلى حـد كبـير، حيـث التنـوع والاختـلاف يشـكل صمـام أمـان لتصويـب المواقـف والمعايـير، بـشرط أن تتوافـر البيئـة الملائمة لذلك.

إلا أن بعض الرؤى رأت أنه من أجل ضبط أكبر لحركة المجتمع المدني؛ فإن ذلك يتطلب أحياناً تدخل الدولة، فبرغم أن المجتمع المدني هو الذي يحمي الفرد من القوة الطاغية التي تملكها الدولة، فإنه ليس كما يتخيل بعضهم مصدراً للنظام التلقائي والتناغم التلقائي، فإعادة بناء المجتمع يمكن أن يخلق بعض المشكلات والتوترات المرتبطة به، فكم حجم القوة التي يمكن أن تُمنح لمنظمات المجتمع المدني المسؤولة عن الأمن في بعض المناطق؟ وماذا يحدث لو كان لتلك المنظمات تصورات مختلفة عن الأوضاع في مجتمعاتها تختلف عن تصور الحكومة؟ لذا، فإن الحكومات قد تكون مضطرة أحياناً إلى التدخل في أنشطة بعض منظمات المجتمع المدني؛ من أجل أن تحمي الأفراد من صراعات المصالح التي لا يخلو منها المجتمع المدني، ولكن لا يمكن للدولة أن تقوم مقام المجتمع المدني، لأنها إذا حاولت أن توجد في كل مكان، فلن يكون لها وجود في أي مكان[49].

وهو ما جعل من قضية تدخل الدولة في بعض أنشطة المجتمع المدني لتدعيم دور المرأة تحديداً أمراً مقبولاً، وذلك من خلال وضع بعض الشروط التي تتعلق بالقوانين واللوائح الداخلية لهذه المنظمات؛ كأن تفرض "كوتا" معينة للنساء في المناصب القاعدية أو العليا لمزيد من دعم دور المرأة في المجتمع عموماً وفي المجتمع المدني خصوصاً.

---

49. أنتوني جيدنز، الطريق الثالث.. تجديد الديمقراطية الاجتماعية، ترجمة: أحمد زايد ومحمد محي الدين، (القاهرة: الهيئة المصرية العامة للكتاب، 2010)، ص ص 117 - 125.

تُعرَّف الدولة المدنية بأنها الدولة التي تستمد شرعيتها من المجتمع، وهي تكفل الحقوق والحريات وتحترم التعددية، وتعمل على تجسيد سيادة القانون، وتحقق المواطنة المتساوية.

وتكمن أهمية الدولة المدنية الحديثة في كونها تمثل أداة لقياس مدى تحقق الدولة المؤسسية بمقوماتها التشريعية والحقوقية في الواقع العملي بصورة تتسم بالديمومة والثبات؛ بمعنى فصل السلطات عن القائمين عليها، وهو ما يطلق عليه عملية "المأسسة"، وفي هذا السياق ينبغي التفريق بين مفهومين مرتبطين بمفهوم المأسسة: الأول، هو المؤسسة حيث تعني ذلك الكيان الذي يقوم على تنظيم غالبية نشاطات أعضائه وفقاً لنموذج تنظيمي كفء يهدف إلى حل المشكلات الأساسية للمجتمع وتلبية حاجات المجتمع وتحقيق أهدافه في مجال محدد من المجالات. أما المفهوم الثاني فهو المأسسة، والتي تعني فصل حقل السلطة العامة عن حقل العلاقات الاجتماعية الخاصة وإدارة المؤسسات وفقاً لمعايير تحدد الحقوق والواجبات بدقة وتفرض على الأفراد اختيارياً أو إجبارياً، وهذه المعايير ليست معايير ذاتية أو فردية بل هي معايير موضوعية تقوم على مبدأ المواطنة المتساوية، وتمثل المأسسة معياراً لحداثة وتطور تلك المجتمعات.

وهو ما يعني منع التداخل في المهام والاختصاصات ليسهل التنفيذ، وتحدد المسؤوليات في نطاق كل سلطة وتفريعاتها، بما يكفل إعمال مبدأ الرقابة على أدائها. وهو في الحقيقة فصل جزئي؛ لأن الهدف النهائي هو تحقيق التكامل في الأداء بين الأجهزة والمؤسسات كافة.

ولضمان إيمان أبناء المجتمع بتلك الدولة، ينبغي أن تكون لديها من المقومات ما يسمح لها بممارسة دورها، ويمكن إجمال هذه المقومات في الآتي:

1. **إعمال مبدأ سيادة القانون**: فالقانون لفظ خاص له مدلول عام، إذ يقصد به النظريات التعاقدية كافة المنبثقة عن القانون الأسمى وهو الدستور، والأصل في هذه العملية هو أن كل التشريعات وُجِدَت لتحقيق الصالح العام المستوعب للمصالح الخاصة كافة. والدولة المدنية لا تتحقق إلا بسيادة القانون، الذي من المهم أن يتحول إلى سلوك وأخلاق تتبع طواعية، وليس خوفاً من عقاب، أو حباً في مصلحة ذاتية، ومن الأهمية أيضاً أن يتحقق ذلك من خلال سياسة شفافة ونزيهة، وهي أحد العناصر الضرورية للحكم الرشيد، والتي تثبت فاعلية الدولة المدنية الحديثة، ويقصد بها الوضوح فيما تقوم به المؤسسات كافة وعلاقتها مع المواطنين المنتفعين من خدماتها، وعلانية الإجراءات والغايات والأهداف، فهي تقوم على التدفق الحر للمعلومات المرتبطة بمصالح الناس؛ ما يساعد على فهمها ومراقبتها لجعل مؤسسات الدولة أكثر فاعلية.

2. **المشاركة المجتمعية**: وهنا تتجسد الأهمية العميقة لأفراد المجتمع في تفعيل مبادئ الدولة المدنية الحديثة وضمان إقامتها من خلال المشاركة المجتمعية، والتي تعني العملية التي يلعب الفرد من خلالها دوراً مؤثراً من أجل المجتمع، وتكون لديه الفرصة بأن يسهم في مناقشة الأهداف والسياسات العامة والخاصة بذلك المجتمع وتحديد أفضل الوسائل لإنجازها. وقد تتم المشاركة من خلال أنشطة مباشرة مثل الانتخابات، أو غير مباشرة مثل التوعية العامة من خلال وسائل الإعلام، وبالتالي فإن المشاركة المجتمعية تعني مساهمة الفرد بدور ما في المجال العام أو في الشأن العام المرتبط بمؤسسات الدولة، وتأتي محورية الدور الذي تلعبه المشاركة من كونها أداة إنتاج المؤسسات الوطنية. وتمثل المشاركة على

مستوى الجمعيـات والتنظيمـات أداة أساسـية لتفعيل الحـراك المـدني رأسياً وأفقياً؛ فمـن خـلال هـذه المشاركة يتم استيعاب التعـدد والتنـوع داخـل كل إطار تنظيمي وبشـكل أعمـق وبصـورة تـثري حالـة التعـدد والتنـوع في المجال العـام، وتمكـن مـن اكتشـاف قيادات ذات كفـاءة وفاعليـة قـادرة عـلى تمثيل منظماتها في المناصب العامة.

3. **قبـول الآخـر والإيمـان بالتعـدد والتنـوع:** وهـو مـا ييسـر الطريـق نحو إقامـة الدولـة المدنيـة الحديثـة، حيـث يعنـي ذلـك القبـول المجتمعـي بالحـق في التعـدد الاجتماعـي والاعـتراف بالآخـر، واعـتراف كل القـوى والأطـراف بعضها ببعـض بمـا يمثل الضمان الفعـلي للممارسـة الوطنية، بـدون رغبـة أو محاولـة مـن طـرف لإقصـاء الآخـر؛ فيتحقـق بذلـك التعايـش الـذي يمثل الـشرط الموضوعـي للاسـتقرار السياسي والمجتمعـي، وقـد نجحـت الدولـة المدنيـة تاريخياً في تحقيـق التعايـش المعبِّر عـن الاعـتراف بالتعدديـة في العديـد مـن المجتمعات، بفضل تلك الروح السائدة فيه.

4. **حقـوق الأقليـات:** إن الأكثريـة في الدولـة المدنيـة هـي الأكثريـة العدديـة وليس الأكثريـة الدينيـة أو المذهبيـة أو القوميـة، وإن الأقليـة هـي الأقليـة العدديـة وليـس الأقليـة الدينيـة أو النوعيـة. وهـي أكثريـات وأقليـات متقاطعـة ولكنها ليسـت متطابقـة، حيـث تقـوم الدولـة المدنيـة عـلى الإقـرار بحقـوق الأقليـات، سـواء أكانـوا سياسـيين أو طوائـف أو قـوى اجتماعيـة أو مذهبيـة أو دينيـة أو ثقافيـة أو عرفيـة أو طبقـة اقتصاديـة، ويُنَـص عـلى ذلـك في الدسـتور أو في الوثائـق المرجعيـة للدولـة مـن تشريعـات وقوانيـن وغيرهـا، وإقـرار مبـدأ التعدديـة السياسـية والدينيـة / المذهبيـة والعرقيـة والثقافيـة والقبـول بالآخـر كـما هـو رغـم الاختـلاف، والعمـل بقيـم التسـامح في المجال السياسي والديني والاجتماعـي الـذي يـؤدي إلى نبـذ العنـف والكراهيـة بـين طوائـف المجتمـع ومكوناته، بما يثري المجتمع ككل.

5. **الشفافية والحكم الرشيد:** من الطبيعي أنه إذا تجسدت سيادة القانون تجسد مبدأ الشفافية أيضاً؛ لتكون النتيجة المنطقية هي المساءلة لكل من يتولى سلطة عامة أو مالاً عاماً، وفي أي مستوى وظيفي، باعتبار أن الشعب مالك السلطة ومصدرها، ومن حقه أن يعرف كل ما يتعلق بمصيره وشؤونه العامة، حيث تعمل الأجهزة والمؤسسات كافة بشكل واضح، ولا تستطيع التصرف بشيء ما دون أن يأخذ القائمون على إدارة مؤسسات السلطة في حسبانهم رأي الشعب وموافقته، وخاصة فيما يتعلق بالأمور المالية، التي قد ينمو ويتعاظم فيها الفساد.

والدولة المدنية الحديثة هي التي لابد فيها من السعي لفصل مجال الأعمال بهدف الربح عن مجال السياسة، كما تُوجِد الآليات القانونية اللازمة لمكافحة الفساد وإدخال اعتبارات من خارج الموضوع في عملية صنع القرار والتخطيط، وتحديد السياسة الاستثمارية وعطاءات الدولة ومشاريعها، كما تحارب الإثراء غير المشروع داخل الدولة وخارجها وتحاسب عليه.

أما الحكم الجيد أو الحكم الرشيد فيتصل بممارسة السلطة السياسية والاقتصادية والإدارية على المستويات كافة، على ما تم شرحه سلفاً في المبحث الأول.

وهكذا تشجع الدولة المدنية بمقوماتها والمجتمع المدني، بما يحمله من قيم ويحويه من منظمات، المشاركة العامة للمرأة باعتبار أن محور اهتمام الدولة والمجتمع المدني هو مَدْيَنَة الثقافة المجتمعية وتشجيعها على توسيع قاعدة المشاركة العامة، دون إقصاء لأي طرف أو تهميش لرؤاه أو مطالبه وتطلعاته، وهو ما يتماهى مع الرغبة في إدماج احتياجات المرأة في الشأن العام، وتمكينها من تقلُّد المناصب التي تستطيع من خلالها تنفيذ سياساتها وخططها المستقبلية، وهو ما يفتح الباب نحو أهمية دراسة تلك العلاقة بين الدولة المدنية والمجتمع المدني.

تعـود تلـك العلاقـة الارتباطيـة للمجتمـع المـدني والدولـة المدنيـة إلى وجـود تشـابه في النشـأة التاريخيـة بينهـما في الفكـر الليـبرالي القائـم عـلى التعدديـة الاجتماعيـة والسياسـية، ولعـل أشـهر الكتابـات عـن تلـك العلاقـة كانت لألكسـيس دي توكفيـل، أحـد أهـم السياسـيين الفرنسـيين في القـرن التاسـع عـشر، والـذي ألـف كتـاب "الديمقراطيـة في أمريـكا"، حـاول خلالـه الاقـتراب مـن واقـع الحيـاة السياسـية والاجتماعيـة في الولايـات المتحـدة أثنـاء زيارتـه لهـا في بعثـة رسميـة مـن الحكومـة الفرنسـية آنـذاك، وفي الكتـاب أكـد هـذه العلاقـة التشـابكية بـين مدنيـة الدولـة بما تحملـه مـن مقومـات والمجتمـع المـدني، وذهـب إلى القـول إن "الـدول التـي لا توجـد فيهـا جمعيـات أهليـة، وحـين يكـون الأفـراد عاجزيـن عـن إنشـاء شيء يشـبهها، لا أرى هنـاك سـدّاً حصينـاً يمكـن أن يمنـع الديكتاتوريـة"[50]. مـن هنا كانـت أهميـة المجتمـع المـدني في عمليـة تعزيـز المشـاركة العامـة طبقـاً لرؤيـة دي توكفيـل.

فمنظـمات المجتمـع المـدني تتوسـط العلاقـة بـين المجتمـع والدولـة، وهـي تقـوم بـدور أسـاسي في تنظيـم هـذه العلاقـة وإدارتهـا بطريقـة سـلمية ومنظمـة، فهـي تتـولى تجميـع مصالـح ومطالـب الفئـات والتكوينـات الاجتماعيـة التـي تعـبر عنهـا وترفعهـا إلى السـلطة الحاكمـة، كـما تقـوم بالدفـاع عـن هـذه المصالـح ضـد أي قـرارات أو قوانـين أو ممارسـات تمثـل مساسـاً بهـا، سـواء صـدرت مـن قبـل السـلطة الحاكمـة أو مـن قبـل أي قـوى أخـرى في المجتمـع[51]، وبالتـالي فهـي تحمـي المواطـن مـن السـلطة إن تعسفت وتحمـي السـلطة مـن أعمال العنف السـياسي التـي قـد

---

50. ألكسـيس دي توكفيـل، الديمقراطيـة في أمريكا الجزءان الأول والثاني، ترجمـة: أمين مرسي قنديـل، (القاهرة: عالم الكتب، بدون تاريخ)، ص 8.

51. صـلاح الديـن الجورشي، منظـمات المجتمـع المـدني ومعضلـة التحـول الديمقراطـي في العالم العربي، (بـيروت: شبكة المنظمات العربية غير الحكومية للتنمية، 2008)، ص ص 21 - 36.

تلجأ إليها بعض القوى والجماعات عندما تعجز عن توصيل مطالبها عبر قنوات مؤسسية وبطريق سلمي ومشروع.

وبالإضافة إلى ذلك، فإن المشاركة العامة التي تأتي نتيجة مطالبات من قبل منظمات المجتمع المدني وعبر مفاوضات ومساومات بين النخبة الحاكمة وهذه القوى تكون فرصتها في الاستمرارية والاستقرار أفضل، فوجود قوى ومؤسسات حية وفاعلة للمجتمع المدني يقلص من فرص النخب الاقتصادية تحديداً من السيطرة على المجال العام، حيث تعمل هذه القوى على ضمان تطبيق قواعد اللعبة السياسية التشاركية من خلال توفير قنوات للمشاركة والرقابة المجتمعية[52]. كما أن منظمات المجتمع المدني تقوم بدور حيوي في تدريب أعضائها على المشاركة، سواء من خلال الانتخابات الداخلية التي تتم في هذه المؤسسات أو من خلال أنشطتها الأخرى، فضلاً عما تنظمه من دورات تدريبية وورش عمل لأعضائها، ومن ثم فهي تزودهم بخبرات ومهارات حياتية تعزز من قدرتهم على المشاركة في الحياة العامة، بالإضافة إلى دورها في إعداد وتربية الكوادر الوطنية؛ ما يسهم في تجديد النخب الوطنية ودعمها على الدوام بكوادر جديدة ودماء شابة[53]. من هنا فإنه من خلال المجتمع المدني ومؤسساته تتأسس شبكة الأنشطة والمشاركة الشعبية التي هي أساساً في القلب من أي مفهوم يُعنَى بالمشاركة العامة.

واتصالاً بذلك، فإن نشر الثقافة المدنية يقع في جزء مهم منه على عاتق منظمات المجتمع المدني التي تقوم بدور حيوي في إعادة تعريف قواعد العمل العام على أسس إيجابية من خلال مشاركة بعضها في مراقبة الشأن العام، فضلاً عن قيامها

52. هشام يونس، حول العلاقة بين الدولة والمجتمع المدني في الواقع العربي الراهن، (الدوحة، منتدى التنمية والتجارة الحرة السادس، الجلسة الخامسة، إبريل 2006)، ص ص 14 - 16.

53. البرنامج الإنمائي للأمم المتحدة، المجتمع المدني في العالم العربي: التطور.. الإطار القانوني.. الأدوار، عام 2013، ص ص 102 - 107.

بـدور في مراقبـة أداء الحكومـة والمناقشـة العلنيـة لبعض سياسـاتها وقراراتهـا، وبخاصة تلك التـي ترتبـط بقضايـا رأي عـام أو بمصالـح قطاعـات واسـعة مـن المواطنـين؛ مـا يسـهم في تكريـس أسـس الشـفافية والمسـاءلة والمحاسـبة، وهـي مـن المرتكـزات الرئيسية للدولة المدنية.

ولم يقتصر الأمـر عـلى ذلك، بـل امتـد لكـون منظمات المجتمـع المـدني - كـما أسـلفنا القـول - تقـدم بدائـل موضوعيـة ينخـرط فيهـا أفراد المجتمـع بشـكل طوعـي لا إلـزام فيـه؛ مـا يجعلهـا تتجـاوز حـدود الـولاءات والانتـماءات الأوليـة التقليديـة القبليـة والعرقيـة والمذهبيـة والدينيـة، الأمـر الـذي يقيد التأثيرات السـلبية لهـذه الانتـماءات التقليديـة، ومـا يترتب عليهـا مـن انقسـامات وصراعـات قـد تشـكل تهديـداً لكيـان الدولـة المدنيـة الحديثـة ذاتـه، ومـن ثـم فهـي تعـزز مـن فـرص إرسـاء وترسـيخ المواطنة والسلم الأهلي والوحدة الوطنية[54].

وأخلاقيـاً، فـإن الأسـس والمعايـير القيميـة والأخلاقيـة التـي تسـتند إليهـا منظمـات المجتمـع المـدني هـي الأسـس والمعايـير نفسـها التـي تسـتند إليهـا الدولـة المدنيـة، فكلاهـما يسـتند إلى أسـس ومبادئ التسـامح السـياسي والفكـري، والقبـول بالتعـدد والاختـلاف، والالتـزام بالأسـاليب السـلمية في حـل الخلافـات والصراعـات، فضـلاً عـن أسـس ومبـادئ المواطنـة وسـيادة القانـون ودولـة المؤسسـات[55]، وبالتـالي فـإن نـشر هـذه القيـم وغيرهـا هـو الـذي يشـكل جوهـر مـا يعـرف بالثقافة المدنية، وتكريسـها على مستوى المجتمع يمثل ركيزة أساسية لترسيخ الدولة المدنية الحديثة.

---

54. عبدالخالق عبدالله، المجتمع المدني في دولة الإمارات العربية المتحدة مرجع سابق، ص ص 56-73.

55. توفيـق المدينـي، المجتمـع المـدني والدولـة السياسـية في الوطـن العربـي، (دمشـق: اتحـاد الكتـاب العـرب، 1997)، ص ص 77-89.

ومع ذلك، فإننا لا نستطيع أن نغض الطرف عن أن هذا الدور المأمول من منظمات المجتمع المدني لن يتأتى إلا في ظل بيئة مناسبة تهيئ لذلك، وتعمل من أجله، وهو ما يستلزم شرطين أساسيين، هما:

- وجود قوى وتكوينات اجتماعية فاعلة، في ظل دستور وإطار قانوني مرن يستوعب نشاطية تلك المنظمات، مع وجود ثقافة مجتمعية تشجع هذا الدور وتؤكد على محوريته في تأسيس الدولة المدنية الحديثة.

- وجود إطار مؤسسي حاكم لمنظمات المجتمع المدني ومصادر تمويلها، والتزام واضح من تلك المنظمات بالمحاسبية والشفافية في إدارة شؤونها الداخلية، ونمط العلاقة فيما بينها[56].

إلا أنه وفي فترة نهاية التسعينيات وبدايات القرن الحادي والعشرين تمت مراجعة "العلاقة بين الدولة والمجتمع المدني"، وهو ما أحدث مفاهيم جديدة؛ مثل: "التحويل المتبادل"، و"التمكين المتبادل"، و"التشارك والتكامل" بينهما، وقد كان الاسم المشترك بينهما جميعاً هو أنها قامت على اعتبار أن علاقة التفاعل بين الدولة والجماعات في المجتمع هي لب العملية السياسية وجوهرها، وهي محك المقارنة والتمييز بين خبرات الدول والمجتمعات المتباينة، خاصة وأنها بصدد المرور بمرحلة الانتقال والتحول.

وقد جاءت هذه المفاهيم في تلك الفترة أيضاً في مقابل مفهوم التوازن Balance، الذي شغل حيزاً كبيراً من اهتمام الباحثين في أنماط العلاقة بين الدولة والمجتمع طوال السبعينيات والثمانينيات، حيث كان المفهوم التقليدي هو المهيمن على هذه العلاقة.

---

56. أماني قنديل، تطوير مؤسسات المجتمع المدني، مرجع سابق، ص ص 32-37.

وكذلك ظهر مفهوم "التداخل" بين الدولة والمجتمع المدني، من خلال قيام الدولة بالموازنة الدقيقة بين تحقيق الاستقلالية والحفاظ عليها من جانب، وإقامتها علاقات وثيقة بجماعات المجتمع وقواه الفاعلة والمؤثرة من جانب آخر، كضمان لكفاءة وفعالية السياسات العامة المتبعة، حيث المقصود بالتداخل تأسيس روابط تصل الدولة بالجماعات التي تتفق معها في الأهداف وتتقاسم معها الأدوار في إطار التفاهم المتبادل بينهما حول مشروع مشترك للتحديث، وتلك الروابط لن تؤتي ثمارها، إلا في حالة استقلالية الدولة، والتي تعد شرطاً ضرورياً لتمكينها من الاضطلاع على أكمل وجه بدورها التنموي، ولكن قدرة الدولة على التغيير والتأثير في المجتمع ترتهن أساساً بمدى قوة الصلة التي تربطها بالمجتمع؛ فالدولة المنقطعة الصلة عما يحدث في مجتمعها تصبح معزولة ومنفصلة، ولا تعمل بالفاعلية المطلوبة للإنجاز المجتمعي، أما الدولة الراغبة في إنجاز الأهداف التي تشملها عملية التحول، فيتعين عليها أن تقيم شبكة من الروابط تجعلها على صلة بمجتمعها، وقد تنجح في تحويل بعض الجماعات إلى قوى حليفة لها، بشرط أن يكون العمل المشترك على إنجاز غايات التحول هو نقطة الالتقاء والسبب الأول وراء قيام مثل هذه التحالفات.

وعليه، فإن العلاقة بين الدولة وجماعات المجتمع المدني يجب أن تقوم على التعاون والتشارك، وتنسيق الجهود، وتكافلها في أداء بعض الوظائف. وهي بمثابة الاستراتيجية المثلى لمعالجة إشكالية التحول المجتمعي المزدوج التي تجابهها أغلب البلدان النامية منذ مطلع التسعينيات، والتي تعود إلى معضلة التضارب والتناقض بين متطلبات التنمية الاقتصادية من جانب، والإصلاح السياسي من جانب ثان، وكلتا العمليتين تتحمل الدولة المسؤولية عن توفير الشروط اللازمة لتحقيقها.

ففي حين تحتاج التنمية إلى دولة قوية قادرة على وضع استراتيجيات طويلة المدى تتجاوز المصالح الفئوية المحدودة للجماعات في الأجل القصير، بحيث

تكــون الدولــة أقــوى مــن جماعــات المجتمــع، فــإن تدعيــم القــوة التنظيميــة لتلــك الجماعــات، باعتبارهــا قنــوات مؤسســية وسـيطة الاتصـال بالدولـة، وآليـات منظمـة لإخضاعهــا للرقابــة والمحاسبة، ومصـادر للمسـاءلة، بـل والضغـط عليهـا للتأثيـر فيما تضعــه مــن سياســات - كل مـا ســبق يعـد أيضـاً بـدوره متطلبـاً أساسـياً لتحقيـق الإصلاح السياسي الـذي يعنـي في جوهـره تحجيـم قـوة الدولة بمعناهـا الاستبدادي إزاء المجتمـع. بيـد أن هـذه المعضلـة يمكـن للدولـة التغلـب عليهـا بالاستعانة باسـتراتيجية التشـارك والتعاون التـي تقـوم علـى خلـق علاقـة إيجابيـة تزيـل أوجـه التصـادم الظاهـري بيـن الدولـة والمجتمـع، وتنفـي التعـارض بيـن غايتـي التنميـة الاقتصاديـة والإصلاح السـياسي. وهـو مـا برهنـت عليـه فعـلاً خـبرات التحـول العديـدة، التـي أثبتـت إمكانيـة أن تتواكب قـوة المجتمـع، جنبـاً إلى جنـب، مـع قـوة الدولة، وأن تضـع الدولـة يدهـا في يـد المجتمـع لبلـوغ غايات التحـوّل المنشـود.

إذن، فسياسـة التشـارك والتكامـل تصبـح ذات أهميـة كبـيرة في تصـور العلاقـة بـين الدولـة والمجتمـع. فالنقابـات والجمعيـات الأهليـة، شـأنها شـأن الأسرة وجماعـات الرفـاق والمؤسسـة العسـكرية، تلعـب دوراً مؤثـراً، سـواء في اتجـاه الدفـع نحـو تعزيـز قيـم المشـاركة والمبـادرة والجـدال السـلمي وقبـول الاختـلاف بـين الأفـراد وفيمـا بينهـم وبـين مؤسسـات الدولـة، أو في اتجـاه الدفـع نحـو الحـض علـى الطاعـة والسـلبية والخضوع ونزع روح الإقدام من نفوس أفرادها.

وتعـد ممارسـة مؤسسـات المجتمـع المـدني[57] هـي الوسـيلة المثلـى لإضفـاء طابـع التعـدد علـى المجتمـع وتعـدد مراكـز القـوة فيـه، وتأكيـد أهميـة الـتراضي كآليـة

---

57. Miranda Beshara, "The Egyptian NGO Sector: Prospects and challenge," Civil Society and Democratization in the Arab world 8, No. 92 (August 1999), Accessed February 19, 2002, www.lbnkhlun.org/newsletter/1999/aug/essay.

للوصـول إلى حلـول وسـط في حالـة اختـلاف الـرأي أو المصالـح، مـع التركيـز عـلى قيـم المشاركة في الحياة العامة والتكافل الاجتماعي[58].

سادساً: المرأة بين الدولة المدنية والمجتمع المدني

تتأثـر مشـاركة الفـرد في الحيـاة العامـة بجملـة مـن المتغيـرات أهمهـا: كميـة ونوعيـة المحـددات السياسـية التـي يتعـرض لهـا، وحالتـه الاقتصاديـة، وخلفيتـه الاجتماعيـة، ومسـتواه التعليمـي، ومـدى توافـر الضوابـط والتنظيـمات القانونيـة، وفاعليـة القنـوات المؤسسـية للتعبير والعمـل السـياسي. فكلـما تطـور وضع الفـرد الاقتصادي بارتفـاع مسـتويات دخلـه وتعليمـه سـاعد ذلـك عـلى زيـادة اكتسـابه المهـارات والفرص والدوافع اللازمة والمحفزة للمشاركة السياسية النشطة[59].

وتعـد المشـاركة العامـة مـؤشراً مهـماً مـن مـؤشرات النمـو الاجتماعـي ودليـلاً عـلى فاعليـة الشرائـح المجتمعيـة والفئـات المختلفـة، ومـن ثـم فـإن مشـاركة المـرأة ترتبـط مباشرة بوضع المـرأة في المجتمع ودرجـة تطـور المجتمع، كـما تعتـبر مـؤشراً مهـماً عـلى وعـي النظـام السـياسي ومـدى توجيـه التنميـة للانتفـاع بقدرات المـرأة السياسية.

وبالمقابـل، فـإن المشـاركة جـزء لا يتجـزأ مـن التنميـة، فهـي لا تقـل أهميـة عـن القـراءة والكتابـة والدخـل، وبغيـاب القـدرة عـلى المشـاركة تصبـح خـبرات الأفـراد أقـل بكثـير وتتقلـص قـدرات الفـرد عـلى صنـع القـرارات المصيريـة التـي تخصـه، والتي هي جوهرية لوجود الإنسان.

---

58. عـلي الصـاوي، التنظيـمات غـير الحكوميـة والتحـول الديمقراطـي في الوطـن العـربي، مجلـة شئـون عربيـة، العـدد 75، 1993، ص 108.

59. المنظمـة العربيـة للتنميـة الإداريـة، التنميـة الريفيـة والمحليـة وسـيلة الحكومـات لتحقيـق التنميـة الشـاملة ومحاربة الفقر، 2008، ص 44.

إن من الأركان الأساسية الواجب توافرها في بناء الدولة المدنية الحديثة هو الفكر والفلسفة الضامنة لمستقبل الشعب بفئاته كافة وبوجود المؤسسات وتوافر الحاجات الأساسية. وعند المراحل الانتقالية الوسيطة تبرز الحاجة إلى منظمات مدنية علمية في خدمة تطلعات المرأة، والخطوة الأولى التي من الأهمية أن تقوم بها الدولة تتمثل في رفع نسبة المتعلمات والعاملات في جميع شؤون الحياة.

وعند تقييم الوقائع التاريخية المتعددة يمكننا أن نثبت أنه لا يمكن تقدم المجتمع ونجاح أية خطة نحو الأمام إلا بمشاركة المرأة الفعالة ودورها الجذري في انطلاقة أية عملية تقدمية؛ لكونها العامل الجذري الفعال في البيت والمؤسسات، وبها يمكن تربية وتعليم وتهيئة جيل يراد به تقدم المجتمع، كما أنه لا يمكن بناء مجتمع مدني حديث إلا ببناء جيل صاحب عقلية منفتحة، ولا يمكن لهذا أن يتحقق إلا بوجود دور للمرأة فعال وحقيقي، من حيث اختيار النظرية والفكر، أو اختيار الآليات والأساليب، أو تطبيق الفكر والفلسفة وجوهر الهدف المنشود، وما يهدف إليه الإنسان في حياته الخاصة والعامة لأخذ حقوقه وتحقيق أمانيه، وللمرأة اختصاصاتها المتعددة، ولها القدرة العالية على تنفيذ سلطاتها في جو من الحرية والسلم والأمان.

إن دور المرأة ومشاركتها في تنظيمات المجتمع المدني لا ينفصل عن وضعها في المجتمع بصورة عامة، وهو الوضع الذي يتحدد - كما أسلفنا القول- بمدى تطور البنى الاجتماعية والاقتصادية والسياسية والثقافية. فالعلاقة بينهما علاقة جدلية وتفاعلية، ومن الصعب أن تتطور أدوار المرأة وتتحرر وتصبح شريكاً كاملاً في المجتمع، إلا إذا سمحت مرحلة تطور تلك البنى في هذا المجتمع بذلك، وهي بدورها تتأثر في تطورها بدرجة تحرر المرأة وتفاعلها مع حركة المجتمع.

يعـزز ذلـك ويقويـه النشـاط الأهـلي للنسـاء في أنمـاط متعددة مـن أقدمهـا وأكثرهـا شـيوعاً الجمعيـات الخيريـة النسـائية، وهـي الجمعيـات التـي ترتبـط بالفلسـفة التقليديـة للـبر والإحسـان، وبالتـالي تحـاول ترميـم العيـوب وإصلاحهـا، ومعالجـة المشـكلات مـن موقـف إصلاحـي، وهـي تعـد أكثر أصناف الجمعيـات رواجـاً وعراقـة. وهـي تـارة جمعيـات خيريـة "مختلطة" تسـاهم فيهـا النسـاء، وتـارة أخـرى جمعيـات خيرية نسائية صرفة لا تعمل فيها إلا النساء.

وهنـاك أيضـاً ظاهـرة الجمعيـات النسـائية الخيريـة التـي تحـاول عن طريق المسـاعدة وتقديـم الخدمـات المختلفـة أن تثبـت أيديولوجيـاً (وأحيانـاً أفكاراً سياسـية معينة) غـير مـا تعلنـه عـلى الملأ، وهنـاك جمعيـات واتحـادات نسـائية مرتبطـة بأحـزاب في السـلطة أو خارجهـا، فـإذا كانـت هـذه الأحـزاب خـارج السـلطة، فإنهـا قـد ترتبـط بالحركـة الوطنيـة وتربـط نظرتهـا للمـرأة بموقفهـا الأيديولوجـي، أمـا تلك المنظمـات التابعـة لأحـزاب في السـلطة فهـي تتحـرك في إطار الحـزب وتتسـم بدرجـة عاليـة مـن البيروقراطية.

وفيمـا يخـص الـدول الناميـة تحديـداً، فـإن المجـال الأبـرز لنشـاط المـرأة هـو المتعلـق بالعمل الأهلي، ومن أمثلة النساء البارزات على مستوى عمل تلك المنظمات:

- سو كلوفيلد مكوِّنة ورئيسة مؤسسة أرض مشتركة للثقافة في بريطانيا 1983.

- جاسـكا جاكـلي مكوّنـة ورئيسـة مؤسسـة كيفـا للتمويـل الصغـير عـلى مسـتوى العالم 2005.

- إيفا موسكويتز مكونة ورئيسة أكاديمية النجاح 2006.

- مارلـين لاسي مكونـة ورئيسـة مؤسسـة رحمـة بـلا حـدود لشـؤون المـرأة والطفـل 2008.

- أماندا لندهوت مكونة ورئيسة المؤسسة العالمية للتنمية 2010.

إن المجتمع المدني هو المسؤول بالدرجة الأولى عن إعادة الاعتبار إلى الدور الأصلي للمرأة، والذي ينطلق من العمل على التصدي للمنطق الذي يرتكز على المفهوم التقليدي للسياسة، ويعتبر المرأة محصورة في فئات معينة، حيث يعتبر أصحاب هذا المنطق أن المرأة غير قادرة على حمل أعباء هذه المهام الخدماتية وتمثيل المذاهب والعائلات.

كما يقع على عاتق المجتمع المدني تحديد معنى المشاركة العامة للمرأة، وتوضيح الالتباسات المتعلقة بأساليب المشاركة من جهة والتفرقة بين كثافة المشاركة، أي كمية الأفراد المشاركين في النشاط العام، ونوعية المشاركة؛ أي درجة الفاعلية التي تحققها هذه المشاركة.

أما الربط بين تفعيل المشاركة العامة للمرأة وتعزيز الحريات العامة والفردية وحماية الحقوق المدنية والاقتصادية والاجتماعية والثقافية فهي مسألة أساسية وتكاد تكون ممراً إلزامياً لتحرير المرأة من القيود التي تعيق مشاركتها الفاعلة والمستقلة، ومن دون ذلك لا يمكن كسر احتكار التمثيل الذكوري والذكورية في المجتمع بشكل عام.

وهنا نتحدث عن دورين: الأول هو تمكين المرأة من خلال البيئة التشريعية والمنظومة الثقافية والقيمية، وتنمية قدراتها. أما الدور الثاني فهو تعزيز المنظومة الحقوقية، وخاصة في مجال التنمية والحوكمة والمشاركة السياسية. وهو الدور المدني الذي يعطي الأولوية للمرأة التي تتمتع بكامل حقوقها المدنية والاجتماعية والثقافية، وهي وحدها القادرة على أن تكون مستقلة اقتصادياً وقادرة على المشاركة المؤثرة والفاعلة.

وبهذا المعنى، فإن دور المجتمع المدني بالنسبة للمرأة لا يقتصر على مجرد التدريب وتقديم الدعم التقني واللوجستي، فهذه أمور قد يحتاج إليها أي شخص، رجلاً كان أو امرأة، لكي يتمكن من القيام بدور عام فاعل، خاصة إذا دخل حديثاً إلى عالم السياسة. ولكن دوره ينبغي أن يتركز بصفة أساسية على تغيير الصورة النمطية للمرأة وكسر القيود الناجمة عن البيئة السياسية والاجتماعية والاقتصادية والثقافية، وهو ما قد يساعدها على تخطي الحواجز والعقبات التي تحول دون مشاركتها الفعلية. فالتمكين السياسي للمرأة ضمن المفهوم التقليدي للتمكين وفي إطار النظم والمؤسسات القائمة على أساس الذكورية لم يعد كافياً فيما لو لم يقترن بالتمكين من أجل العمل على تغيير النظم القائمة وتطويرها، لكي تصبح مؤهلة لتوفير مشاركة الجميع في الشأن العام وصنع القرار، دون الانتقاص من أهمية تنمية المهارات الفردية في القيادة والتخطيط واتخاذ القرار والتفاوض وفض النزاعات، إلا أن هذه المهارات تُكتَسب كذلك من خلال الممارسة وتراكم الخبرات، وبالتالي لا يمكن تأجيل المشاركة ريثما يكتمل بناء هذه المهارات والقدرات.

إن للمشاركة الأوسع والشفافية في صنع السياسة وإمكانية إعطاء مردود هائل، سواء للمساواة بين الجنسين أو للتنمية الوطنية ككل، وفتح الحوارات العامة، وصناعة القرار السياسي بما يتيح مشاركة أوسع من قبل الجماعات النسائية - كل ذلك يمكن أن يقوي موقف المرأة ويعزز من تأثير البرامج السياسية تحديداً؛ فنتائج البحوث حول العلاقة بين المشاركة الأكبر للإناث في الحياة العامة وانخفاض مستويات الفساد تعدُّ أمراً مثيراً للاهتمام، وتوحي بأن تسهيل تبادل أكبر للأفكار وشفافية أعظم في صنع السياسة والسماح بمشاركة نسائية أعظم في المجالات العامة يمكن أن يقوي حكم الدولة وفعّالية السياسة التنموية فيها.

وفي ذلك أشارت دراسة صادرة عن البنك الدولي للإنشاء والتعمير إلى أن النساء في قطاعات الأعمال أقل ميلاً لدفع رِشىً لموظفي الحكومة؛ ربما لأن لدى النساء معايير أخلاقية أعلى، أو لحرصهن على تجنب المجازفة[60].

وإذا ما علمنا أن المجتمع المدني قد صار قوة مهمة للتغيير والتطوير المجتمعي، فقد أحدثت مجموعات المجتمع المدني تغييرات اجتماعية واقتصادية عن طريق البدء بحوار عام والضغط من خلف الكواليس على الدولة وتقوية المجتمعات المحلية وتولي الدفاع عن هذه القضايا عن معرفة واطلاع. ولقد تمكنت تلك المنظمات بالفعل من استثمار مقومات الدولة المدنية الحديثة من أجل تشجيع مزيد من المساواة والعدالة بين الجنسين، وتمكنت بالفعل من وضعها على الأجندة السياسية، ونجحت في حث العديد من الحكومات على التحرك بسرعة وقوة نحو التمكين السياسي للمرأة في ظل ثقافة مدنية حديثة تحتوي الآخر بكل مكوناته، وخاصة في شِقّهِ المتصل بالمرأة.

ليس ذلك وحسب، بل إن العديد من الأبحاث أشارت إلى قدرة المرأة على تحقيق إنجازات حقيقية على الأرض بعملها في منظمات المجتمع المدني من خلال تعريف العديد من النساء بحقوقهن السياسية والاجتماعية والاقتصادية. وقد تمكنت المرأة بالفعل من تحسين شروط إدماجهن في المجتمع وتوسيع هامش الحرية المتاح لهن، كما تولت حلَّ العديد من النزاعات في المجتمعات المحلية التي تنتمي إليها، ووفرت دعماً ومساندة لضحايا العنف من النساء، وخاصة في المناطق التي تعاني بسبب نزاعات داخلية أو خارجية[61].

---

60. البنك الدولي للإنشاء والتعمير، إدماج النوع الاجتماعي في التنمية من خلال المساواة في الحقوق والموارد والرأي، تقرير بحوث السياسات، (بيروت، المؤسسة العربية للدراسات والنشر، الطبعة العربية الأولى، 2005)، ص ص 17 - 23.

61. البنك الدولي للتنمية والإعمار، إدماج النوع الاجتماعي في التنمية من خلال المساواة في الحقوق والموارد والرأي، مرجع سابق ، ص ص 18 - 22.

لقد حاولـت هـذه الدراسـة تحليـل هـذه العلاقـة الثلاثيـة الأبعـاد بـين المـرأة والمجتمع المـدني والدولـة المدنيـة الحديثة، مستعينة في ذلك بالعديد مـن الأفكار والـرؤى العالميـة التـي تناولـت تلـك العلاقـة، مستعرضة قبـل ذلـك التعريفـات المختلفـة لهـذه المفاهيـم الثلاثـة والمفاهيـم المرتبطـة بهـا، مـع توضيح مـا أنجزته كلُّ مـن الدولـة المدنيـة الحديثـة والمجتمع المـدني بالإسـهام في تعزيـز دور المـرأة وتمكينها اجتماعيـاً عمومـاً، وسياسيـاً علـى وجـه الخصـوص، وكيـف يمكـن مـن خلالهـا تعزيـز الثقافة المدنيـة التي تقبـل الآخـر وتعمل علـى الاستفادة مـن قدراتـه وإمكانياتـه، ولاسيما المرأة. وتوصلنا إلى الاستنتاجات التالية:

1. أن المجتمـع الحديـث يقـوم علـى سـاقين همـا: الرجـل والمـرأة، وأن الاستغنـاء عـن إحـدى هاتـين السـاقين يـؤدي إلى مجتمـع أعـرج، بطيء التطـور، صعـب النمـو، كثـير المعانـاة. وهـو مـا يجعـل مـن ضرورة إدمـاج المـرأة في عمليـة المشاركة المجتمعيـة عمومـاً والسياسية منها خصوصـاً أمراً شديد الأهمية.

2. أن المشـاركة السياسـية خصوصـاً والمجتمعيـة عمومـاً للمـرأة قـد مـرت باجتهـادات ورؤى فكريـة مختلفـة، كـما تعرضـت لتجـارب عديـدة أظهـرت علاقـة طرديـة بـين المشـاركة السياسـية للمـرأة والتنمية الإنسـانية في الدولـة؛ فكلـما قلّـت المشـاركة السياسـية للمـرأة تراجعـت عمليـة التنميـة الإنسانية، وكذلـك كلـما زادت المشاركة السياسية لهـا كان ذلـك مؤشراً إيجابياً علـى مـدى تحقق التنمية بمعدلات واضحة وبارزة.

3. أن مؤسسـات التنشـئة الوطنيـة تقـوم بـدور محـوري في عمليـة التوعيـة بـدور المـرأة وأهميـة إدماجهـا في المجتمـع، وكلـما كان المجتمـع تقليديـاً فـإن ذلـك يفتـح البـاب واسعـاً أمـام دور أكـبر لمؤسسـات التنشـئة الوطنيـة التقليديـة في

القيــام بـدور التمكـين الاجتماعـي للمـرأة عمومـاً والتمكـين السـياسي لهـا خصوصـاً، بمـا تملكه تلك المؤسسات مـن دور كبير في عملية التنشئة، وبخاصة الأسرة والعائلـة، والمؤسسـة التعليميـة، بالإضافة إلى المؤسسـة الدينيـة. وكلما كان المجتمـع حداثيـاً ومتطـوراً أعطـى ذلك دوراً أكـبر لمؤسسـات التنشئة الحديثة، وهـو مـا ينطبـق أكـثر عـلى وسـائل الإعـلام بمعناهـا التقليدي والحديـث، بالإضافة إلى منظمات المجتمع المدني، والتـي تسـتطيع أن تلعب دروراً فاعلاً في عمليـة إدماج احتياجـات المـرأة خصوصـاً وتشـجيعها عـلى لعـب دور قـوي في عملية التنمية بمعناهـا الشـامل. كـما يلاحظ أن مؤسسـات التنشئة التقليدية غالبـاً مـا لعبـت دوراً سـلبياً في تقيـيد عملية تمكين المـرأة في بعض الـدول، بما تملكه مـن إرث تقليـدي وقيـود اجتماعيـة مـن أعـراف وتقاليـد وخلافه تنظر نظـرة سـلبية تجـاه الأدوار الإيجابيـة للمـرأة في المجتمـع، وهـو عكـس الـدور الـذي تقـوم بـه مؤسسـات التنشـئة الحديثـة والتي أحدثـت قـدراً كبـيراً مـن التفاعـل بـين المـرأة ومحيطهـا الاجتماعـي والسياسي والاقتصادي، وفرضـت رؤيتها عـلى أجنـدة صُنَّاع القرار في الدولـة؛ وبهـذا اسـتطاعت المـرأة المشاركة الفاعلة في صناعة القرار الوطني.

4. أن المجتمـع المدني مـن الناحيـة النظريـة، ووفقـاً للـرؤى والمساهمات الفكرية التـي طُرحـت عنـه اسـتطاع بلـورة دور حداثي لجميع أطراف المجتمع عمومـاً وللمـرأة خصوصـاً، مـن خـلال إبـراز الآخـر وإدماجه في الدولـة الوطنيـة دون تهمـيش أو تخويـن أو تكفـير؛ بما أتاح قـدراً مـن الاندماج الاجتماعي لعناصر المجتمـع كافة وتكاملها مـن أجـل إحداث تنمية حقيقية وشـاملة، إلا أن ذلك لا يقلـل مـن الـدور الواقعـي الـذي قامـت بـه منظمات المجتمع المـدني عـلى مسـتوى العـالم في طـرح قضية المـرأة وإبـراز إسـهاماتها عـلى المسـتويات الاجتماعية والسياسية والاقتصادية كافة.

5. أن الدولـة المدنيـة الحديثـة اسـتطاعت توفير البيئـة المناسـبة لـكل مؤسسـات التنشـئة الوطنيـة عمومـاً ولمنظمات المجتمع المـدني خصوصـاً؛ مـن أجـل دعـم ثقافة مدنيـة مسـتنيرة تقبـل الآخـر وترحـب بـه، وتعمـل عـلى تطبيـق مبـادئ سـيادة القانـون والمسـاواة والشـفافية والمحاسـبية وإدمـاج الأقليـات في حركـة تطـور المجتمـع، سـواء كانـت أقليـات بالمعنـى الثقـافي أو الاجتماعـي أو السـياسي أو الإثنـي، وهـي المبـادئ التـي أسـهمت بفاعليـة في تحقيـق قـدر أكـبر مـن التمكين السـياسي للمـرأة، سـواء عـلى المسـتوى النظـري أو التطبيقـي، وأعطـت دوراً أكـبر لمؤسسـات التنشـئة الوطنيـة في أن تقـوم بدورهـا الفعـال لتحقيـق ذلك الإدماج وهذا التمكين.

6. أنـه مـن الأهميـة وجـود تدابـير مؤقتـة تتخذهـا الدولـة، مثـل "الكوتـا النسـائية" للانتقـال مـن الالتـزام الطوعـي إلى الإلـزام في ممارسـة المسـاواة داخـل منظمـات المجتمـع المـدني، وهـو تمريـن يجـب أن يخضـع لـه القـادة والمسـؤولون بهـدف توسـيع قاعـدة القـوى المعنيـة بالدفـاع عـن المـرأة؛ مـن أجـل إحقـاق حقوقهـا السـياسية والمدنيـة، بمـا في ذلـك تفعيـل المشـاركة العامـة، وبنـاء التحالفـات، وإشراك أصحاب القرار في الحوار والنقاش.

7. أن قضيـة المـرأة تشـكل محـوراً أساسـياً عـلى الأجنـدات الوطنيـة كافـة في العديد مـن دول العـالم، وأن تلـك المحوريـة مـا كانـت لتـأتي لـولا تضافـر جهـود مؤسسـات التنشـئة الوطنيـة عمومـاً ومنظمـات المجتمـع المـدني خصوصـاً، ولكـن هـذا الـدور مـا كان ليفـرض نفسـه لـولا أدوار حقيقيـة قامـت بهـا المـرأة بالمشـاركة في الحيـاة العامـة عمومـاً وفي الحيـاة السـياسية خصوصـاً، لإثبـات دورهـا وهـو مـا يلقـي بمسـؤولية كبـيرة عـلى عاتـق النسـاء في ممارسـة ذلـك الـدور النشـط الـذي مـا كان لـه أن ينجـح إلا بفضلهـن أولاً، ثـم بتشـجيع البيئـة المحيطة لهم ثانياً.

وأخـيراً فـإن التطـورات العالميـة والإقليميـة في عـالم اليـوم تفـرض خلـق طريـق ثالـث أمـام الدولـة، تبتعـد بـه عـن تدخلهـا المبـاشر والشـامل في تطـور المجتمـع والنهـوض بـه، وهـو مـا يطلـق عليـه الطريـق الأول، أو تـترك السـاحة ينفـرد بهـا القطـاع الخـاص بما يملكه مـن نهم نحـو تحقيـق تنميـة اقتصاديـة خاصـة بعيـدة عـن تلك الأبعـاد الاجتماعية والسياسية العامة في عملية التنمية، وهو ما يسمى بالطريق الثاني.

أمـا الطريـق الثالـث فتقـوده منظـمات المجتمـع المـدني، وهـو يهـدف إلى تعزيـز الاشـتراكية الديمقراطيـة بمفهـوم جديـد يبتعد عـن اليوتوبيـات الماركسية والاجتهادات النظريـة للاشـتراكيين المعاصريـن، التـي ثبـت عـدم قدرتهـا عـلى تحقيـق تلـك التنميـة الإنسانية بمعناها الشامل.

والخلاصـة أن هـذا الطريـق الثالـث تبـرز نجاعتـه بفضـل هـذا الـدور الحيـوي الـذي ينبغـي أن تقـوم بـه المـرأة داخـل منظـمات المجتمـع المـدني المحـلي أو الإقليمـي أو الـدولي، والتـي بفضلهـا تسـتطيع تسـريع حركـة المجتمـع نحـو مزيـد مـن التنميـة الإنسانية المستدامة القائمة على مشاركة الرجل والمرأة كليهما في المجتمع.

المصادر والمراجع

أولاً- المراجع العربية:

- إبراهيـم حلمـي عبدالرحمـن وآخـرون، موسـوعة الـشروق، (القاهـرة: دار الشروق للطبع والنشر، 1994).

- أحمـد وهبـان، التخلـف السـياسي وغايـات التنميـة السياسـية - رؤيـة جديـدة للواقـع السـياسي في العـالم الثالـث، (الإسـكندرية: أليكـس لتكنولوجيا المعلومات، 2004).

- إسـماعيل صـبري عبدالله، المعوقـات الاقتصاديـة والاجتماعيـة للديمقراطيـة في الوطـن العـربي، منشـور في الديمقراطيـة وحقـوق الإنسـان في الوطن العـربي، (بيروت: سلسلة مركز دراسات الوحدة العربية، الطبعة الثانية، 1986).

- أمـاني قنديـل، تطويـر مؤسسـات المجتمـع المـدني، (القاهـرة: الشـبكة العربيـة للمنظمات الأهلية، 2004).

- البرنامـج الإنمـائي للأمـم المتحـدة، المجتمـع المـدني في العـالم العـربي: التطـور.. الإطار القانوني.. الأدوار، عام 2013.

- برهـان غليـون، المجتمـع المـدني في الوطن العـربي ودوره في تحقيـق الديمقراطيـة، (بيروت: مركز دراسات الوحدة العربية، 1992).

- توفيـق المدينـي، المجتمـع المـدني والدولـة السياسـية في الوطـن العـربي، (دمشـق: اتحاد الكتاب العرب، 1997).

- جيهـان سـيد يحيـى. (2011). معالجـة قضايـا الأسرة في البرامـج الدينيـة بالفضائيـات العربيـة ودورهـا في تشكيل معارف الجمهـور واتجاهاتـه نحوهـا، رسالة دكتوراه غير منشورة، جامعة الأزهر، القاهرة.

- حسـنين توفيـق إبراهيـم، دراسـة المجتمـع المـدني في دول مجلـس التعـاون لـدور الخليج العربية، (دبي: مركز الخليج للأبحاث، الطبعة الأولى، 2007).

- خالـد فيـاض وآخرون، المـرأة البحرينيـة في المجلـس الوطنـي، (المنامـة: معهـد البحرين للتنمية السياسية، 2014).

- رضـا هـلال، التعليـم والتنشـئة السياسـية في العـالم العـربي، (المنامـة: معهـد البحرين للتنمية السياسية، 2014).

- سـعد الديـن إبراهيـم، المجتمـع المـدني والتحـول الديمقراطي في الوطن العـربي، (القاهرة: مركز ابن خلدون، 1991).

- صلاح الديـن الجورشي، منظمات المجتمـع المـدني ومعضلـة التحـول الديمقراطي في العـالم العـربي، (بيروت: شبكة المنظمات العربيـة غير الحكوميـة للتنميـة، 2008).

- عبدالخالـق عبدالله، المجتمـع المـدني في دولـة الإمـارات العربيـة المتحـدة، (القاهرة: مركز ابن خلدون للدراسات الإنمائية، 1995).

- عبدالله محمـد عبدالرحمـن، علـم الاجتـماع السـياسي: النشـأة التطوريـة والاتجاهات الحديثة والمعاصرة، (بيروت: دار النهضة العربية، 2001).

- عبدالمنعـم المشـاط، التنميـة السياسـية في العـالم الثالـث نظريـات وقضايـا، (أبوظبي: مؤسسة العين للنشر والتوزيع، 1988).

- عصـام العـدوني، "السوسـيولوجيا والمجتمـع لـدى آلان تورين وبيـير بورديـو"، مجلة إضاءات، العدد 12، 2010.

- عصـام سعـود أبـو مغـلي. (2014). دور الأسـرة في عمليـة التنشـئة السياسـية في الأردن، رسالة ماجستير غير منشورة، جامعة آل البيت، عمان.

- عليـاء عـزي: الإعـلام والتنميـة السياسـية، (البحريـن: معهـد البحريـن للتنميـة السياسية، 2017).

- عـلي الديـن هـلال وكمال المنـوفي (محرران)، التعليـم والتنشـئة السياسـية في مصر، (القاهرة: مركز البحوث والدراسات السياسية، 1994).

- عـلي الصـاوي، التنظيـمات غـير الحكوميـة والتحـول الديمقراطـي في الوطـن العربي، (القاهرة: مجلة شؤون عربية، العدد 75، سبتمبر 1993).

- عـلي ليـــلة، المجتمـع المـدني العـربي: قضايـا المواطنـة وحقـوق الإنسـان، (القاهرة: الأنجلو المصرية، 2007).

- قـدري حفنـي ومحسـن يوسـف، حقـوق المـرأة: خطـوات نحو تحقيـق الإصـلاح، (الإسكندرية: مكتبة الإسكندرية، 2007).

- كريمـة حسـان. (2005-2004). التنشـئة السياسـية بالمغـرب مـن 1956 إلى 2003. رسـالة دكتـوراه غـير منشـورة. جامعـة محمـد الأول كليـة العلـوم القانونيـة والاقتصادية والاجتماعية. وجدة.

- محمـد برقـوق. (2009-2008). مفاهيـم في السياسـة المقارنـة الجديـدة، رسـالة دكتوراه غير منشورة، جامعة الجزائر، الجزائر.

- محمد حسنين العجمي، الإدارة المدرسية، (القاهرة: دار الفكر العربي، 2000).

- محمـد فتـح اللـه الزيـادي، "الخطـاب الإسـلامي: مميزاتـه والتحديـات التـي تواجهه"، مجلة الدعوة الإسلامية، العدد 26، عام 2009.

- مصطفـى الحمارنـة، المجتمـع المـدني والتحـول الديمقراطـي في الأردن، (القاهـرة: مركز ابن خلدون للدراسات الإنمائية، 1995).

- المنظمـة العربيـة للتنميـة الإداريـة، التنميـة الريفيـة والمحليـة وسـيلة الحكومات لتحقيق التنمية الشاملة ومحاربة الفقر، عام 2008.

- مولـود زايـد الطبيـب، التنشـئة السياسـية ودورهـا في تنميـة المجتمـع، (عـمان: المؤسسة العربية الدولية للنشر، 2001).

- نصر محمـد عـارف، الاتجاهـات المعـاصرة في السياسـة المقارنـة.. التحـول مـن الدولـة إلى المجتمـع، ومـن الثقافـة إلى السـوق، (عـمّان: المركز العلمي للدراسـات السياسية، 2006).

- نيفـين مسـعد وآخـرون، الدليـل العـربي لحقـوق الإنسـان والتنميـة، (القاهـرة: كلية الاقتصاد والعلوم السياسية، جامعة القاهرة، 2008).

- هشـام يونـس، حـول العلاقـة بـين الدولـة والمجتمـع المـدني في الواقـع العـربي الراهـن، (الدوحـة، منتـدى التنميـة والتجارة الحرة السـادس، الجلسـة الخامسـة، إبريل 2006).

- هيفـاء أبـو غزالـة وشـيرين شـكري، الكاشـف في الجنـدر والتنميـة.. حقيبـة مرجعيـة، (عـمان: صنـدوق الأمـم المتحـدة الإنمـائي للمـرأة، المكتـب الإقليمـي للدول العربية، 2006).

- يحيـاوي هاديـة، "المشـاركة السياسـية للمـرأة بالجزائـر"، مجلـة المفكـر، العـدد التاسع،2013.

ثانياً- الكتب المترجمة:

- أنتـوني جيدنـز، الطريـق الثالـث: تجديـد الديمقراطيـة الاجتماعيـة، ترجمـة: أحمـد زايـد ومحمـد محـي الديـن، (القاهـرة: الهيئـة المصريـة العامـة للكتـاب، 2010).

- ألكسـيس دي توكفيـل، الديمقراطيـة في أمريـكا الجـزءان الأول والثـاني، ترجمـة: أمين مرسي قنديل، (القاهرة: عالم الكتب، بدون تاريخ).

- جـوردون مارشـال، موسـوعة علـم الاجتـماع، ترجمـة: محمـد محـي الديـن وآخرين، (القاهرة: المجلس الأعلى للثقافة، 2001).

- جـون دكـت، علـم النفـس الاجتماعـي، ترجمـة: عبدالمجيـد صفـوت، (القاهـرة: دار الفكر العربي، 2000).

- لورانـس هاريـزون وصمويـل هنتنجتـون، الثقافـات وقيـم التقـدم، ترجمـة: شوقي جلال، (القاهرة: المركز القومي للترجمة، 2009).

ثالثاً- المراجع الأجنبية:

- European external action service, Human rights and democracy in the world report 2011, June 2012.

- Miranda Beshara, "The Egyptian NGO Sector: Prospects and challenge," Civil Society and Democratization in the Arab world8 ,

No. 92 (August 1999), Accessed February 19, 2002, www.lbnkhlun. org/newsletter/1999/aug/essay.

– Seymour Martin Lipset, "Political man: The social Bases of politics", exp. ed (Baltimore: Johns Hopkins University press, 1981).

– Almond, Gabriel, and Sidney Verba, "The Civic Culture, Political Attitudes and Democracy in Five Nations". (Princeton NJ: Princeton University Press, 1963).

– UNESCO Instiute for education "women education and empowerment", Report of the international seminar held at UIE, Hamburg,27 January-2 February 1993 with contributions, Germany-Feldbrunnenstrate.

رابعاً- تقارير ووثائق:

– البنـك الـدولي للإنشـاء والتعمـير، إدمـاج النـوع الاجتماعـي في التنميـة مـن خـلال المسـاواة في الحقـوق والمـوارد والـرأي، تقريـر بحـوث السياسـات، (بـيروت، المؤسسة العربية للدراسات والنشر، الطبعة العربية الأولى، 2005).

– تقريـر الأهـداف الإنمائيـة للألفيـة عـام 2015 الصـادر عـن الأمـم المتحـدة، عـلى الرابط التالي: https://www.un.org/ar/millenniumgoals/reports.shtml

– تصريحات الأمين العام للأمم المتحدة على الرابط التالي:

– https://www.un.org/sg/ar/content/sg/press-articles-and-opinion-pieces

– إعـلان ومنهـاج عمـل بكـين، المؤتمـر العالمـي الرابـع المعنـي بالمـرأة، سـبتمبر 1995.

- **خالد فياض**

قبــل التحاقــه بالعمــل بفريــق عمـل "مركـز تريـندز للبحـوث والاستشـارات"، حيـث يعمـل فيـه الآن باحثـاً رئيسـياً بـإدارة الدراسـات الاستراتيجية، عمل خالد فياض مستشـاراً سياسـياً لمعهـد البحريـن للتنميـة السياسـية في الفتـرة مـن عـام 2011 إلى عام 2021.

وكان فيـاض قـد تـدرج في مسـيرته المهنيـة، حيـث عمـل خبيـراً سياسـياً في عـدد مـن الجهـات والمؤسسـات الحكوميـة وغـير الحكوميـة العربيـة، ولـه العديـد مـن المؤلفـات السياسـية؛ أهمهـا: الإسـلاميون والممارسـة الديمقراطيـة؛ والنخبـة السياسـية في العـالم العـربي؛ والانتخابـات والتحـول الديمقراطـي في مملكـة البحريـن. كمـا نُشـر لـه العديـد مـن الدراسـات في المجـلات والدوريـات العلميـة المُحَكَّمَـة؛ مثـل: السياسـة الدوليـة، والمستقبل العربي، وشئون عربية.

وكان خالـد فيـاض قـد حصـل عـلى بكالوريـوس العلـوم السياسـية مـن جامعـة القاهـرة عـام 1993، كمـا أنـه حاصـل عـلى دبلومـا في الحقـوق السياسـية مـن هيئـة أميديست الأمريكية عام 1998.

- **نورة الحبسي**

تخرجت الأستاذة نورة الحبسـي في جامعـة الإمـارات العربيـة المتحـدة، تخصص الاتصـال الجماهـيري بقسـم الصحافـة، وتلقـت تدريبهـا الأكاديمـي بجريـدة الاتحاد الإماراتيـة في أبوظبـي، قبـل أن تلتحـق بـ "مركـز تريـندز للبحـوث والاستشـارات" في وظيفـة باحـث مسـاعد عام 2020. وتدرجت في المناصب حتى أصبحت مديرة إدارة النشر العلمي بالمركز.

وكان قد نُشِر للباحثة نورة الحبسي عدة تحقيقات ومقابلات صحفية في جريـدة الاتحـاد. كـما أسـهمت في تطويـر مهاراتها البحثيـة ومهـارات رصـد الأخبـار المحليـة والدولية، ومـن بـين مـا تركـز عليـه نـورة الحبـسي في عملهـا البحـث الأكاديمـي في مجال العلاقات الدولية، وشؤون الشرق الأوسط.